孩子不肯聽話的
「話中有話」

●●●●●●● 創意啟發 × 逆向思考 × 機會教育 ●●●●●●●
你怎麼說孩子就怎麼成長，讓「說教」對孩子有正面影響！

好好回答孩子的「爲什麼」，他的創意可能正在萌芽！

也許你已經厭煩孩子的無數個爲什麼，並納悶：他爲什麼這麼多問題？
兒童在成長階段總是對世界充滿好奇，而你的態度也將決定他一生的走向！
對孩子保持耐心，鼓勵他主動探究新鮮事物、引導他尋找答案，
孩子的想像力將帶領他看到不一樣的世界，擁有更開闊的眼界！

目錄

目錄

目錄

前言

　　將一粒種子放在顯微鏡下進行分析時，大家會發現它只是由組織、碳水化合物及其他一些化學物質所組成的，沒什麼特別。但是，把它放在泥土裡，加些水和陽光，神奇的事情就出現了，它會發芽生長，開花結果。它可以是養活眾生的稻米穀物，也可以是為世界添上色彩的鮮豔花卉，還可以是為生命提供氧氣的參天大樹。

　　人的創新思想就像一粒種子，在醞釀尚未成熟的階段時，是多麼平凡和不顯眼。如果把它放在合適的泥土裡，加入養分和水，並讓陽光照耀著，那麼它就會發芽生長，成為動搖世界、影響眾生、造福萬物的神奇力量。

　　每個孩子都存在著思考創新的無限可能性，身為家長，只要專門對孩子思考的方法和習慣進行科學訓練，每個孩子就都可能成為天才。

　　21世紀的競爭是人才的競爭，而創新精神是一切人才追求的目標。可以說，沒有創新就沒有人類文明的發展。為此，我們精心編輯了本書，希望能透過一個個生動的小故事啟發孩子，幫助他們早日擁有創新的精神與能力。

　　本書精心選取了許多精彩的小故事，內容涉及古往今來的發明創造，日常生活中的新觀念、新方法，並用一個個生動的小故事告訴大家，什麼是創新、如何創新、為了創新需要具備哪些素養。看了本書，你就會知道，創新其實和自己的日常生活息息相關。本書選材精良，切入巧妙，希望在快樂的閱讀中啟發大家。

　　兒童期是形成創新型思考的黃金時期，利用他們的可塑性來進行早期教育，從而使處於萌芽狀態的創新能力得到發展，並且趨向自覺、穩定。願本書能帶給孩子們智慧的啟迪，讓他們盡情體驗創造的樂趣！

編者

第一章　創新來自於生活

你還記得孩子呀啞學語，說出第一句「爸爸」時的興奮嗎？還記得孩子第一次塗鴉出自己的作品時，你給予的讚賞與關注嗎？還記得孩子捏成第一個泥人、折出第一朵小花時，你的欣喜與驚訝嗎？還記得孩子第一次辯駁你的觀點時，你的煩惱與無奈嗎？

也許你並沒有意識到，孩子成長的過程，其實就是一個突破自我、不斷創新的過程。對於孩子來說，生活就是他們創新的泉源。

每個孩子都具備創新能力

創新一詞，源自拉丁文，是「生長」的意思。創新不是從天上掉下來的恩賜，而是源自地上，植根於泥土，並影響著生活。

日常生活中，孩子創新的例子並不少見。例如，大人習慣性地把用舊的毛巾當抹布用，而孩子卻懂得用舊毛巾做一些小人偶、小玩具，或者做成圖畫；大人習慣性地把吃完點心的盒子扔掉或是用來裝小雜物，但孩子卻懂得將這些盒子做成玩具汽車、玩具樓房等等，可以說，孩子天生就是「創造大師」。

當然，因個性不同，每個孩子從小展現出來的創新天賦也不盡相同，但他們都有一些共同的特點，如愛幻想、愛動。而且，他們沒有成人條條框框的束縛，勇於將大膽的想法付諸實施，在這些幻想中，蘊含著大量創新的火花，卻經常被家長們忽視了。

一天，一個孩子的母親因孩子把她剛買的一塊金錶弄壞了，就狠狠地揍了孩子一頓，並把這件事情告訴了孩子的老師。

不料，老師卻幽默地說：「恐怕一個本土『愛迪生』被你『槍斃』了。」

這個母親不解其意，老師分析給她聽：「孩子的這種行為是創造力的一種表現，妳不該打孩子，要解放孩子的雙手，讓他從小就有動手的機會。妳可以和孩子一起把金錶送到鐘錶店，讓孩子站在一旁看修錶匠是怎麼修理的。這樣，修理費就成了學費，孩子的好奇心也能得到滿足，說不定他還能學會修理呢！」

這個故事發生在半個世紀前，故事中的那位老師就是著名教育家陶行知先生。故事明白無誤地告訴了家長，保持孩子的創新能力是很重要的。但是，在現實生活中，像孩子母親那樣的家長很多，有陶先生這種想法的家長卻很少，以至於限制了孩子創新能力的進一步發展，讓他逐漸變得平庸。

其實，孩子的一舉一動都蘊含著創造力，身為家長，應該尊重他的個性，使其得到更好的發展，培養他善於發現的眼睛和善於創新的能力。只有

這樣，你的孩子才有可能獲得成功。

小提醒

從上述故事中總結，家長應避免有以下觀念：

1. 我的孩子太皮了，他連書都念不好，還會什麼創新呢？這難道不是天大的笑話嗎？事實上，千里馬常有，而伯樂不常有，身為家長，請做你孩子的「伯樂」吧，發現他、欣賞他！
2. 「創新」是科學家們的事情，跟孩子沒有關係。很多家長以「跟孩子沒有關係」為藉口，千方百計地限制孩子的「活動空間」，寧可把孩子培養成「呆子」、「書蟲」，也不讓他接觸新鮮事物。
3. 孩子健健康康就好，我的要求不多，並不奢求他今後能成為科學家。這種觀念明顯是錯誤的，因為不只是「科學」需要創新精神，生活的各個方面都需要創新，只有創新才能使生活變得更美好！

從「鞋子的故事」談起

　　小王的女兒「丹丹」是一個乖巧、可愛的小女孩，小王夫婦對她疼愛的像掌上明珠，可以說是「含在嘴裡怕化了，捧在手裡怕摔了」。可是，讓小王夫婦煩惱的是，這孩子做事總是不知變通，例如在吃飯的時候，你叫她拿碗，那她一定不會多加一雙筷子，為此，小王夫婦憂心忡忡。

　　有一天，吃過飯後，小王跟丹丹講了一則故事。

　　從前，有一個國家。因為還沒有發明鞋子，所以人們都赤著腳，即使在冰天雪地裡，也不例外。這個國家的國王非常喜歡打獵，而且也經常出去打獵，但他進出都騎馬，從來不徒步行走。

　　有一次，國王在打獵時偶然走了一段路。可是，很倒楣，他的腳被扎進一根刺，痛得他「哇哇」直叫，並且把身邊的侍從大罵了一頓。第二天，他向一個大臣下令：在一星期之內，必須把城裡的大街小巷通通鋪上毛皮。如

果不能如期完工，就要把那個大臣絞死。

一聽到國王的命令，那個大臣十分驚訝。可是，國王的命令怎麼能不執行呢？他只得全力照辦。

大臣向自己的下屬官員下達命令，官員們又向下面的工匠下達命令。很快，往街上鋪毛皮的工程開始了，聲勢十分浩大。

但是，當工程進行到一大半的時候，毛皮就快用完了。離期限只有兩天了，怎麼辦呢？那位大臣急得茶飯不思。大臣有一個女兒，非常聰明，她對父親說：「這件事由我來辦。」然後，向父親討了兩塊皮，並按照腳的模樣做了兩個皮袋子。

第二天，大臣的女兒來到王宮，先向國王請安，然後對著國王說：「陛下，您下達的任務，我們都完成了。您把這兩個皮袋子穿在腳上，走到哪裡都可以，別說小刺，就算是釘子也扎不到您的腳上！」

國王把兩個皮袋子穿在腳上，然後在地上走了走。他為女孩的聰明而感到驚奇，穿上這兩個袋子走路舒服極了。

於是，國王下令把鋪在街上的毛皮全部揭起來，並用這些毛皮做了成千上萬雙鞋子。

最後，大臣的女兒不但得到了國王的獎賞，也受到全國老百姓的尊敬。從此以後，人們開始穿鞋子，並為了鞋子的美觀想出了各種不同的樣式。

小王說完了這個故事，見丹丹偏著腦袋一副若有所思的樣子，便靈機一動。他溫和地對女兒說：「丹丹，妳說那個大臣的女兒為什麼會得到國王的獎賞呢？」

丹丹笑嘻嘻地回答說：「你連這個都不知道啊！因為那個大臣的女兒聰明、愛動腦筋啊！」

然後，小王趁熱打鐵道：「是呀，我們家的丹丹如果能開始動腦筋，多思考，也一定能變得更加聰明起來的，妳說對嗎？」

丹丹認真地點了點頭，她似乎明白了父親的用意。

從那以後，丹丹還真的變得越來越會說話、做事了！

備選故事任您挑

每一位父母終其一生都會把孩子掛在自己的心上，總是希望自己的孩子能在這個社會上擁有一席之地，撐起屬於自己的一片天空。事實上，想讓孩子獲得成功並不難，只要從小開始，有意識地培養他具備成功的素養即可。而創新，是當今成功者必備的素養之一。如果你覺得上面的故事還不足以激發孩子「創新」的意識，那麼也可借鑑下面這些故事。

別凍壞了耳朵

說起「創新」，很多孩子可能會覺得那很高深、神祕。事實上，在日常生活中，到處都可以創新。如果你的孩子還不懂得這個道理，不妨跟他們講講〈別凍壞了耳朵〉這則故事。

1973 年，15 歲的格林伍德收到了一份聖誕禮物 —— 一雙溜冰鞋。他非常興奮，馬上就到屋外結冰的小河去溜冰，結果不到幾分鐘便跑了回來，因為外面太冷，風呼呼地吹著，格林伍德剛玩一會兒，就覺得耳朵受不了，但是戴上皮帽子，一玩起來又滿頭大汗。就這樣，格林伍德一下脫了皮帽子，一下戴上皮帽子，忙得不可開交，玩得也不盡興。

最後，格林伍德只好回到了屋裡搓著耳朵向媽媽訴苦：「媽媽，外面太冷了，我的耳朵都快要凍傷了！」

「來，讓我看看！」媽媽捂著格林伍德的耳朵，心疼地說：「你像媽媽這樣捂著耳朵，慢慢就暖和了！」

媽媽的手真暖和啊！格林伍德突然想到一個好主意：「如果用一副耳罩護住耳朵，我不就能無憂無慮地溜冰了嗎？」他把自己的想法告訴了媽媽，請媽媽照他的意思縫一副耳罩，媽媽也覺得他的主意不錯。

於是，他們找來兩根細鐵絲，折成了耳朵的形狀，然後把帶毛的兔皮貼

著鐵絲縫好。啊！真是又輕巧，又暖和，十分方便實用！

不久，很多人都來找格林伍德，希望得到一副耳罩。格林伍德和媽媽商量之後，乾脆把祖母請來，一起製作耳罩，公開出售。後來，格林伍德為耳罩取了名字叫「綠林好漢式耳套」，並申請了專利。

最後，由於耳罩的銷量不斷增加，格林伍德開辦了世界上第一家耳罩工廠。

由於創新的目的就是為了讓生活變得更舒適、更美好，而格林伍德發明耳罩就是出於這個目的，所以很受大家的歡迎。

在日常生活中，只要孩子能勤於思考、善於總結，說不定他就會成為小發明家呢！

保健牙刷的發明

刷牙，牙齦出血，在很多人看來都是很平常的事。可是，有一個人並不這麼想，這個人是誰呢？

日本獅王牙刷公司的職員加藤信三，每天清晨得趕車上班，儘管感到睡眠不足，頭暈目眩，還是得按時起床，閉上眼睛匆匆洗臉刷牙。

有一天，他發現一刷牙就牙齦出血，他記得這不是第一次出血，以前刷牙也常常如此，換過幾把牙刷，仍不見改變。他望著牙刷，不禁怒上心頭，將牙刷折成兩段。

轉身又想，發怒又有什麼用呢？牙刷廠老闆照樣生產讓你牙齦出血的牙刷，除非你不用牙刷刷牙。牙總是得要刷，那為什麼就不能生產不會使牙齦出血的保健牙刷呢？

想到這裡，加藤轉怒為喜而對自己說道：「我為什麼不去完成這發明呢？這項發明一定大有市場。」此後，加藤開始研究不使牙齦出血的保健牙刷。

在研究過程中，加藤想到了很多解決牙齦出血的辦法，如牙刷改用較柔軟的毛，慢慢地刷等，但是效果都不理想。後來，他又想到：牙刷毛的頂端是不是像針一樣尖呢？他用放大鏡一看，發現毛頂端與他意料的不同，是四

角形的。後來，他透過進一步的研究，發現將毛的頂端磨製成圓形後，對防止刷牙時牙齦出血有比較好的效果。

加藤的怒氣變成了一項相當有價值的發明，公司欣然採用了他的方案，使改進後的獅王牌保健牙刷銷路極佳。

在日常生活中，當人們遇到挫折的時候，更多時候只是去抱怨、去生氣，可是唯獨忘記了去「改變」。如果大家能像加藤那樣，換一種方式來思考自己所面對的困難，那麼就可以把一些不利的因素轉化為成功的契機，從而使自己從中受益。

把愛送給她

OK 繃，可以貼在傷口上，是我們日常生活中常見的一種敷料。不過，與其他發明不同的是，OK 繃的來歷充滿了浪漫色彩 —— 它的誕生和一對夫婦有關。

20 世紀初，美國嬌生公司有一位名叫厄爾利・迪克森的普通員工，他和妻子剛剛結婚不久，兩人的感情非常好。不過，迪克森的妻子不太擅長烹飪，她做飯的時候常常會切到手，或者不小心燙傷自己。每到這時，迪克森就會跑過來拿出繃帶，熟練地替太太包紮好。

有一天，迪克森的妻子對他說：「你看，我手上的傷口已經好了。幸好那天你在家，要不然我只能去診所了。」

說者無心，聽者有意。妻子的話讓迪克森突然想到：對啊！要是有一種包紮繃帶，能讓傷者自己包紮就好了……咦？如果把紗布和繃帶黏在一起，不就可以騰出一隻手來包紮傷口了嗎？

一道靈光從迪克森的腦袋中一閃而過。

於是，迪克森開始了他的試驗。首先，他拿來一條紗布放在桌子上，往上面塗了一層膠，這就是一條簡易繃帶。然後，他把另一條紗布折成小方塊，抹上一層藥水，黏貼到繃帶中間，一個簡易的包紮繃帶就做好了。但是，如果把膠長時間地暴露存空氣中，它就會乾掉。於是迪克森找來了許多

不同的布料，把它們一一黏膠，希望能找到一種需要時立即就能揭下來的材料。後來他發現，一種質地粗硬的紗布能夠完全符合他的需求。

迪克森先生發明的 OK 繃的確很好用，它受到了人們的歡迎，也為嬌生公司帶來了可觀的利潤。

在日常生活中，很多小事看起來非常不起眼，但若能留心觀察，認真思考，便能發現，生活中處處是學問。然而，難就難在如何把學問透過「創新」的方式表現出來，從而讓生活變得更舒適、更方便。

只要一毫米

美國有一家生產牙膏的公司，它所生產的牙膏品質優良，包裝精美，所以很受消費者的喜愛，營收連續 10 年遞增，每年的成長率都在 10%～20% 之間，可是，到了第 11 年卻突然停滯下來，並且此後的兩年都是如此。

公司總裁對此很不滿，他召開了高級會議，商討對策。會議中，公司總裁許諾：誰能想出解決的辦法，讓公司營收成長，就重賞 10 萬美元。有位年輕經理站起來，遞給總裁一張紙條，總裁打開紙條看完之後，馬上簽了一張 10 萬美元的支票給這位經理。

那張紙條上只寫了一句話：將現在牙膏的開口增加 1 毫米。

消費者每天早晨擠出同樣長度的牙膏，只要牙膏開口增加 1 毫米，每位消費者就多用 1 毫米寬的牙膏，每天牙膏的使用量將多出多少呀？

公司立即開始更換包裝。第 14 年，公司的營收增加了 32%。

創新並不像大家所想的，是一件多麼巨大的「工程」。其實，創新顯現在生活的枝微末節當中，也許只有那麼一點小小的變化，就能引起巨大的成功。牙膏公司之所以能獲得成功，跟這樣「微小」的改變是分不開的。因此，在日常生活中，大家若能讓自己的思路「增加 1 毫米」，便可以想出他人想不到的好點子。

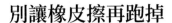

別讓橡皮擦再跑掉

也許有些孩子會認為，創新離日常生活太遙遠了，自己又不是科學家，怎麼可能懂得創新呢？其實，很多的發明創造都是由日常生活中小事所觸發的靈感引起的。如果你的孩子不相信，不妨找個機會跟他講講〈別讓橡皮擦再跑掉〉的故事。

美國佛羅里達州有位窮畫家，他的名字叫李普門。李普門的畫具只有一枝鉛筆和一塊橡皮擦，而僅有的一枝鉛筆也是削得短短的。

有一天，李普門繪圖時出了一點小錯，可是找來找去，就是找不到自己的那塊橡皮擦。等他花費很多精力到橡皮擦時，鉛筆又不見了，這讓他非常惱火。

鉛筆找到後，為了防止再丟，李普門索性將橡皮擦用絲線綁到鉛筆的尾端。但用了一下子，橡皮擦又掉了。李普門想：如果能把橡皮擦和鉛筆固定在一起就好了，這樣，只要鉛筆在，這橡皮擦也一定跑不掉。

說做就做，李普門剪下一小塊薄鐵片，把橡皮擦和鉛筆繞著包了起來。這下好了，橡皮擦緊緊地固定在鉛筆的末端，只要他的鉛筆在手中，橡皮擦就在手中，如果畫畫時出了錯，只要把鉛筆倒過來就可以修正錯誤了。

後來，李普門為自己製作的帶橡皮擦的鉛筆申請了專利，並把這專利賣給了一家鉛筆公司，從而賺得 55 萬美元。

在日常生活中，類似李普門這樣的例子還有很多。只要你善於觀察，勤於思考，說不定哪一天你也會想出自己一些方便、快捷的小發明呢！

從「一」到「十」

亨利‧飛利浦是一個家境貧寒的孩子，十幾歲就開始到電器維修店當學徒。他年紀雖小，卻非常上進，沒過幾年，就成為了正式的工人。

在電器維修店裡，每天都堆滿需要維修的答錄機、收音機等電器，飛利浦雖沒有一句怨言，但總有一些問題令他非常煩惱。例如，在修理電器時，他經常把螺絲釘上的「一」字線轉壞。每天跟螺絲釘對抗的飛利浦，下定決

心要發明一種既省力又耐磨的螺絲釘。

一字形的螺絲釘太脆弱了，稍微一用力就會被轉壞。要是換個形狀，會怎麼樣呢？飛利浦反覆思考著這個問題。有一次，他拿著被轉壞的螺絲釘，在與「一」字線垂直的地方畫了一條線。這時，一個創意的火花從他的腦子裡冒了出來。

「對了，就這麼辦！把它改成『十』字形！」

他想辦法把店裡的一部分螺絲釘從「一」字形改成「十」字形，並且把螺絲起子的頭的形狀也改成「十」字形。這樣一來，使用十字形的螺絲釘和螺絲起子時，螺絲起子就會自動固定在中間，不易滑脫，只要稍一用力，就能轉緊螺絲釘，而且不易損壞。

飛利浦的發明一問世，立刻吸引了人們的視線，因為當時許多人都有過與他相同的煩惱。後來，飛利浦申請了專利，並成立了自己的公司。

亨利‧飛利浦只是把螺絲釘上的「一」字線變成「十」字線，再對螺絲起子做了相對應的改動，就解決了一直困擾自己的問題，並擁有了一項受人們歡迎的發明。這則故事告訴了大家，有些時候，創新是存在於一點小小的變動之間！

把火車連接起來

對於那些習慣把生活中的許多現象視為理所當然的孩子來說，前人創造的經驗對他們有很大的啟發作用。因此，在日常生活中，家長不妨多跟自己的孩子講講「科學」創造的故事，這樣對培養他的「創新」精神有很大的幫助。〈把火車連起來〉就是這樣一則故事。

今天的火車，是由許多節車廂組成的，每節車廂之間，是用自動掛鉤連接起來的。但在 19 世紀中葉之前，這種掛鉤還沒有被發明。那時，火車的各節車廂是用鐵鍊子拴起來的，這種辦法費時費力，一遇到列車爬坡，車廂就很容易脫節，甚至還會導致翻車事故。

美國人伊萊‧H‧詹尼就是當時的一名鐵路工人。他看到這種情況後，決

定發明一種新的連接方法，以減輕鐵路工人的工作負擔。

1867 年的一天，詹尼在回家的路上，被一群正在玩耍的孩子擋住了。只見他們兩人一組，面對面，腳頂腳，手肘伸直，手指彎曲著勾在一起，身子向後傾斜著轉圈。這時，詹尼想：「要是能製作出一種裝置，像兩隻手一樣可以勾起來，問題不就解決了嗎？」

想到這裡，他忘記了一天的疲勞，回到家裡立刻開始用木頭製作手的模型。他把模型的手指設計成了彎曲的形狀，使它們能連在一起。但是，因為木製的手不能活動，試驗失敗了。

詹尼並不氣餒，經過多次改進，他終於發明出了火車自動掛鉤。這種掛鉤是用鐵鑄造的，外形像兩隻手，安裝在每節車廂的兩端。「鐵手」的掌心有個開關，兩隻「鐵手」一碰，觸動了開關，就可以緊緊地「握」在一起。如果要把它們分開，只要啟動另外的開關就可以了。

火車自動掛鉤的發明，不僅把鐵路工人從繁重的工作中解放了出來，還使鐵路運輸變得更方便。為了紀念這一項發明，人們把火車自動掛鉤稱為「詹尼車鉤」。

要想「創新」，就不能把所有的事情都當作理所當然的。只有嘗試著去改變生活中的不方便，才能讓「物」真正為己所用。

不用水也能洗衣服

在家裡，大家會發現，媽媽從來都不用洗衣機洗冬天的羊毛大衣，而是送到乾洗店讓那裡的工作人員洗乾淨。這到底是為什麼呢？

這是因為羊毛和亞麻等材料的衣物只要一沾水就會縮水褪色，所以只能送到乾洗店，讓它們不沾水就變乾淨。

乾洗是一種不用水的洗滌方法，讓有機溶液滲入衣物，就可以從布料的表面去除油汙。用這種方法洗滌高級服裝，可使服裝不變形、不褪色。

乾洗的方法是 19 世紀中期由一個名叫喬利的法國人發明的。

喬利本人是做衣物染料生意的。

　　有一天，他在家中打掃衛生時，不小心把桌上的一盞油燈打翻了，燈油濺得到處都是，把妻子最喜歡的那塊桌布弄髒了。

　　「糟糕！如果妻子發現了一定會很生氣的，我得趕快收拾乾淨。」喬利一邊想一邊拿起抹布用力去擦桌布上那塊大大的油漬。這時，奇怪的事情發生了，只見桌布上煤油浸過的地方不僅沒有汙漬，反倒比別處顯得更乾淨。

　　這是怎麼回事呢？喬利反覆進行了試驗，後來終於明白原來是燈油溶解了桌布上的髒東西。喬利馬上意識到，自己無意中發現了一種新的清洗方法。

　　後來，喬利開始在自己的工廠裡使用這種清洗方法，因為這種方法不需要水就能把衣物清洗乾淨，並且衣服不褪色、不變形，所以很受人們歡迎。一年後，喬利在巴黎開辦了世界上第一家服裝乾洗店。

　　聽了這個故事，你是不是覺得很神奇呢？事實上，在日常生活中，存在著很多的「不可思議」與「想不到」的事情，只要大家能像喬利那樣，做一名「有心人」，說不定，就會因此找到創新的機會，成為一位了不起的小發明家呢！

給家長的悄悄話

　　一天，一名教育學家收到一位家長的來信，這位家長在信中提到的內容如下：

　　我和丈夫都是智力普通的人一生沒有多大的成就，而我的孩子在班上的成績也普通，我希望自己的孩子也能像別的孩子一樣聰明、伶俐，有創新能力。只是，我不知道，我的孩子是否具備創造能力，而這個能力到底有多大？

　　這位家長的話可以歸納成以下兩個問題：

1. 創新能力會不會受遺傳因素的影響？如果父母的創新能力有限，孩子是否就沒有了創新的能力？

2. 孩子的成績普通，一名功課都沒有學好的孩子到底有沒有創新能力呢？

　　想必，這位家長問到的問題正是現在很多家長所共同關心的話題。事實上，創造力是發現和創造新事物的能力，同時它還是成功地完成某種創造性活動所必需的心理素養，與一般能力的區別在於它的新穎性和獨創性，其中，最重要的是具備擴散性思考。

　　這種能力既不單憑遺傳，也不全靠後天的環境或教育。因此，那種認為父母缺乏創新能力，孩子就同樣缺乏創新能力的想法是錯誤的；同樣，認為只有功課好的孩子才有可能迸發出創新火花，顯然也是不正確的。創新能力不是少數人或少數優等生才具有的，而是每位孩子都具備的，家長的主要任務就是開發蘊藏在孩子身上的潛在創新能力。

　　令人遺憾的是，由於許多家長對「創新」缺少認知，把「創新」想像成某些人特定的專利，因此在教育孩子的過程中，往往只注重灌輸知識給孩子，只注意他們的分數和文憑，而忽略創造能力的培養。這對孩子今後的發展是相當不利的。畢竟，未來社會最需要的不是分數，而是能力，最值錢的不是學歷而是創造能力。

　　那麼，在日常生活中，家長應如何開發孩子的創新能力呢？本書的建議是嘗試用不同的方法開發孩子的創新能力，具體內容如下：

★ **讓孩子做一件自己從來沒有想要做的事情**：讓孩子利用星期天在家的時候，弄清家裡的管線系統。例如，哪些是天然氣管線？哪些是排水管線？它們從哪裡進來，又從哪裡出去？家裡的管線系統有沒有危險？有沒有不合理的地方需要改進？

★ **指導孩子提前自學一些課程**：可以讓孩子自選一個科目，比老師講課的進度提前一個星期自己學習，如果孩子可以看懂，他會獲得喜悅和自信。並且，還可以鼓勵孩子翻閱他從來不敢問津的書籍，例如霍金的《時間簡史》。

★ **鼓勵孩子做一件自己想做而一直沒有動手的事情**：例如，鼓勵他為自己喜歡的明星寫一個傳記；提出一個學校附近交通堵塞問題的解決方案；

透過跳蚤市場把自己不用的書籍、玩具拿來換取需要的東西。

★**允許孩子問幾個自己不敢問的問題**：孩子的許多問題可能是一直想問又怕人取笑的，也可能是自認為別人也說不清楚的問題。例如，猴子是不是一夫一妻制？為什麼廣告永遠不說自己產品的缺點等。

★**鼓勵孩子大膽進行探索性玩耍**：玩是孩子的天性，不會玩的孩子不可能是聰明的孩子。家長要積極鼓勵孩子進行探索性玩耍，積極鼓勵，就是要創造條件。並且，在必要時，家長可以一起參與玩耍。探索性玩耍，就是要鼓勵孩子玩出新的花樣，嘗試各種不同的玩法。在與孩子玩耍時，要注意以下三個不必要擔心的問題：

❖　為了安全，不讓孩子玩：安全當然是重要的，但不能杞人憂天或因噎廢食，而且安全也有程度問題。

❖　怕孩子弄髒衣服而不讓孩子玩：有些家長會把孩子穿得乾乾淨淨、漂漂亮亮，生怕因玩耍而弄髒衣服。當然，衛生確實需要注重，但不能影響必要的玩耍。

❖　怕損壞物品或玩具：有些家長雖然為孩子買來了各種玩具，但不讓孩子自由地玩；有些家長不准孩子摸或擺弄物品，動輒以「會弄壞」來嚇孩子。當然，教育孩子愛護東西是對的，但不能要求過嚴。

總之，孩子不能不玩，因為「玩」不僅可以提高智力，還可以直接培養動手能力。

在開發孩子的創新能力的過程中，家長應注意到幾個問題：

★培養孩子的創新能力與開發孩子的創造潛能時，不可貪大，要積少成多、積小成大、由近及遠、點滴成河。

★培養孩子的創新能力時，還應該教育他們要勇於認錯、勇於承擔責任。這是科學創造必須具備的基本素養。

★培養孩子的創新能力時，切忌以習慣養成為名，「捆死」他們的言行，從

而限制孩子的創造性。過分地強調孩子「聽話」，久而久之，勢必將孩子的自主意識、創新欲望都磨滅掉。

教學加油站

培養孩子創新精神要遵循的原則：

1. **層次性原則**：孩子們的創新和成年人的創新是有區別的。孩子們創新的價值更多地表現在創新過程中，在於得到老師或家長讚賞之後的成功體驗。因此，家長對於孩子的創新活動不能要求過於嚴苛。

2. **激勵性原則**：孩子的創新往往源於興趣、愛好，源於好奇心、求知欲和想像力。因此，家長要支持孩子的求新、求異、質疑及提問，鼓勵孩子在成長過程中進行新的探索，而不是置之不理或橫加干涉。在孩子進行實踐時，家長要不失時機地給予讚賞，例如，家長可以對孩子說：「你真棒！」當孩子遭遇挫折時，家長應給予信任和鼓勵，例如家長可以對孩子說：「沒關係，下次你一定可以做到！」

第二章　小創新能成大事業

人類的歷史就是一部不斷創新的歷史。人們從科學技術的突飛猛進中，越來越深切地感受和了解到創新的重要性。

對於您的孩子來說，創新是一種思考方式，有了這種新的思考方式，他才能衝破舊的思想牢籠，突破自己；創新也是一種解決問題的能力，一旦具備了這樣的能力，無論遇到什麼問題，他都能夠想辦法解決；創新更是一種行動力，有了鍥而不捨的幹勁，他才能在今後的人生中創造一個又一個奇蹟。

善於創新的孩子有出息

創新能力是人最重要且最有價值的一種能力。一個孩子將來有多大成就，關鍵在於他的創新能力如何。一個從小就思路寬、點子多、創新能力強的孩子，他的人生道路也一定比其他人要寬闊。

這裡有一則創新的故事。

說起招牌，每個人都不會陌生。它是一間店鋪的門面，起著招攬顧客的作用。可是，這些招牌因為暴露在外，常年飽受日晒雨淋、風吹霜打，很多已經是鏽跡斑斑、破舊不堪了。

有一天，一位年輕人在街上散步，當他無意間看到街頭生意興隆的美容院以及美容院門口懸掛著的破舊招牌時，突然靈機一動：幫人做美容的生意這麼好，如果我能幫招牌做美容，是不是也同樣會受到店鋪老闆的歡迎呢？

說做就做，他馬上開了一家「招牌美容店」。

不出年輕人所料，他的「招牌美容店」很受歡迎，幾年時間裡，他的「招牌美容店」就擴展到了全國各地，並為他帶來了豐厚的利潤。

這位年輕人之所以獲得成功，跟他的創新思考是分不開的。如果沒有敏銳的觀察能力、準確的判斷能力以及創造性的思考能力，這位年輕人不可能打開他的事業之門，更不可能獲得事業的成功。

這則故事告訴了大家：社會在改變，知識在更新，只有具備了創新能力的人才能立足於未來。這就要求家長們要從小培養孩子的「創新思考」和「創新能力」，只有這樣，他長大以後才能成為一個適應和促進時代發展的人。由此可見，創新能力是孩子在未來社會中獲得成功的關鍵。

創新能力強的孩子在兒童時期往往有如下的表現：

★**有良好的思考能力和創新意識**：例如，不滿足於已經學會的知識。在解答問題的時候，這樣的孩子往往比較喜歡尋找多種答案，並因此而獲得滿足感。

★ **比較「自我」，喜歡特立獨行**：不喜歡模仿別人，不盲從別人的想法、說法及做法，不迷信權威，有時候甚至不聽父母的話，這樣的行為通常會讓家長們感到很頭痛。但往往也是這些孩子，能夠靈活地應用已有知識和能力解決問題。

★ **不依賴別人**：一般情況下，自己能夠完成的事情，這些孩子不會去請求別人幫忙。除非，他自己實在沒有辦法解決了，才會求助於他人。這樣的孩子通常比較相信自己的能力，能自己解決生活中的困難。

★ **有勇氣，富有鬥志，經受得起失敗與挫折**：當這些孩子的一些「觀點」沒有得到他人的贊同時，他們會堅信自己，不氣餒、回避。同時，他們對生活的態度也比較樂觀。因此，他們的適應能力也比較強。

★ **動手能力強**：善於創新的孩子通常不是只會說不會做的孩子。他們想到了什麼就會馬上去做。例如，當他在電視裡看到製作東西的節目時，就會想自己也去做一個，並立即付諸行動。

小提醒

如何了解孩子是否具有「創新能力」？

1. 觀察孩子在日常生活中，是否有文中講到的那些舉動。在生活中，如果發生孩子「反駁」你的「事件」，身為家長千萬不要著急，更不要惱羞成怒，因為這也是孩子善於「創新」的一種表現，一個事事依照別人意思去做的孩子，他怎麼可能有「創新」意識呢？家長不妨讓孩子說說他是怎麼想、怎麼做的，這對促進孩子創新能力的發展有很大幫助。

2. 了解孩子在學校是否有創新行為。家長應和老師交流。看看孩子是否積極參與到學校的創新活動中。

3. 跟孩子一起玩遊戲，看看孩子的創新以及動手實踐的能力。在日常生活中，孩子的「實踐能力」正是他們「創新能力」的具體表現，孩子的動手能力有多強，他的創新能力就有多強。

講個「財富和頭腦」的故事

如果您試圖想讓孩子明白「創新」在他們今後生活中的重要性，那麼就不要光跟他們講大道理，因為大道理虛而瑣碎，講多了只會讓他們感到心煩，但如果換一種方式，改「說教」為「講故事」，就能讓孩子在充滿趣味的氛圍中感受到創新的魅力。「財富和頭腦」正是這麼一則故事，你可以講給孩子聽。

猶太人常常說，財富來源於頭腦。

特奧的母親不幸去世了，留給他和哥哥卡爾的只有一家小小的零售店——「阿爾迪」。這家小店十分簡陋，出售的只有一些罐頭、汽水之類的食品。一年下來，特奧和卡爾的收入少得可憐。

他們不甘心接受這種窮困的狀況，一直在尋找發財的機會。有一天，卡爾問弟弟：「為什麼同樣的商店，有的人賺錢，有的人卻賠錢呢？」特奧回答說：「我覺得是經營的問題，如果有經營的訣竅，小本生意也是可以賺錢的。」

「可經營的訣竅在哪裡呢？」卡爾問道。特奧也答不上來。於是，他們決定到大街小巷中看看。當他們路過一家名為「消費商店」的店鋪時，發現這裡顧客盈門、生意興隆，這引起兄弟兩人的注意。他們走到商店旁邊，看見門外有一張醒目的紅色告示，上面寫著：「凡是來本店購物的顧客，請把發票保存起來，到年終可憑發票免費購買價值發票款額 3% 的商品。」

特奧和卡爾把這份告示看了好幾遍之後，終於明白這家店鋪生意興隆的原因了。原來，顧客喜歡到這裡來買東西，就是因為貪圖那年終 3% 的免費購物。他們一下子興奮起來。

兄弟倆回到自己的店鋪後，在自家商店的櫥窗上也貼出了醒目的告示：「本店從即日起，全部商品讓利 3%，並保證我們的商品是全市最低價。如果有顧客發現更低價的同樣商品，可以到本店退差價，並有獎勵。」

特奧和卡爾受到了那個商店讓利 3% 的啟發，開始動腦筋。他們非但沒

有直接模仿競爭對手，反而還提出了現款交易就可以讓利 3% 的全新優惠價格。再加上全市最低價的攻勢，他們的店鋪很快就門庭若市、生意火爆。

從此以後，憑藉著這種經營原則，特奧和卡爾的店鋪迅速擴大，南到阿爾卑斯山，北到弗倫斯堡，到處都有「阿爾迪」商店的身影。

這則故事告訴大家什麼道理呢？

頭腦就是財富。一個人是否能獲得成功，與他是否有「頭腦」是分不開的。如果一個人缺乏「創新意識」，只會人云亦云，那麼他不可能想得出與眾不同的好點子，從而更不可能獲得成功。

因此，在日常生活中，不管遇到什麼事情，都應該多動腦筋想一想。也許，一些富有創新性的「想法」就是在「多想一想」中獲得的。

備選故事任您挑

聽完上面的那個故事，孩子是否已經開始「雙眼發光」、「蠢蠢欲動」了呢？如果真的這樣，說明你講故事的目的達到了，即孩子內心深處潛藏著的創新意識已被你激發了起來。這時候，你可以趁熱打鐵，挑選下面的故事繼續來講。同時，還可以引導孩子講一講他自己創新的故事。如果這樣做後，孩子依然無動於衷，家長也不要著急，只要在日常生活中曉之以理、動之以情，慢慢地孩子就能「頓悟」過來，學會創新。

聰明的地毯商

楚雄的兒子小龍在讀國小 5 年級，但這個孩子不喜歡動腦筋，一遇到難題就退縮，做事情也沒有主見，總是大人說了算。剛開始的時候，楚雄跟自己的妻子還為此高興不已，以為自己的孩子就是讓人放心，可是時間長了，問題就出來了。孩子因為依賴性太強、怕難，最終連學都不想上了，這可怎麼辦呢？自己總不能一輩子都跟在孩子的屁股後面幫他解決問題吧？畢竟，孩子的人生是他自己的呀！

你是否也有跟楚雄一樣的煩惱呢？如果有，你可以試著跟孩子講講下面這則故事。

一位歐洲商人準備到阿拉伯國家推銷地毯。臨行時，朋友們紛紛勸阻他說：「去任何地方都可以，但為什麼要去阿拉伯國家呢？那裡的地毯業在全球首屈一指，而且暢銷世界各地。你的舉動無疑是班門弄斧，注定要失敗的呀！到那時，你後悔都來不及。」

商人微笑著拒絕了朋友的好意，執意前往一試。他帶著自己的地毯來到了阿拉伯國家。一開始，正如朋友所料，幾乎賠了老本，但他卻發誓不成功絕不罷休。

商人一面繼續四處推銷，一面認真觀察當地風土人情。他發現在阿拉伯國家，虔誠的伊斯蘭教徒們每日祈禱，無論在家、旅行，都守時不輟。伊斯蘭教徒們祈禱的一大特點是祈禱者一定要面向聖城麥加。

了解到這種情況，這位歐洲商人突然想到個好主意。他巧妙地設計出一種指標固定指向北方的小羅盤，也就是說無論何時，它的指標都指向聖城麥加的方向。然後，商人將這種小羅盤裝在自己的地毯上，專供伊斯蘭教徒們在禱告時使用。

這個小小的創新，不僅使商人銷光了所有積壓的地毯，而且從此在西亞的地毯市場上占據了一席之地。

成功的人，之所以成功一定是有他的理由。例如，故事中這位歐洲商人就懂得，要想讓自己的產品在眾多的產品中「脫穎而出」，那就應該讓自己的產品「與眾不同」。

首先，你應該了解市場，了解別人的需求，這樣才能創新；其次，創新還應該不脫離實際，學會利用資源，在原有的基礎上創新；最後，遇到事情的時候，應該多動腦筋，想一想該怎麼解決，因為，答案總比問題多。

只要做到以上三點，你的創新才能收到事半功倍的效果，變得有意義！

黑白搭配賣「抱娃」

韓國的金光中曾經生產了一種叫「抱娃」的黑皮膚玩具，在購物中心銷售。他為了宣傳這種玩具，還刊登了廣告。可是，這種玩具的銷路始終不見好轉，幾乎落得無人問津的地步。購物中心讓他拿回去，無奈之下，金光中只得把「抱娃」取了回來，堆放在倉庫裡。

金光中的兒子是一個愛動腦筋的年輕人，他注意到，購物中心裡有一種身穿游泳衣的女模特兒模型，女模特兒模型有一雙雪白的手臂。他想：假如把這種黑色的「抱娃」放在女模特兒模型雪白的手上，那真是黑白分明，有了這種鮮明的對比，說不定顧客會喜歡「抱娃」呢！於是，他決定試一試。

他費盡了口舌，終於說服購物中心，同意讓女模特兒模型手持「抱娃」。這一招果然奏效！凡是從女模特兒模型前走過的女孩都會情不自禁地打聽：「這個『抱娃』真好看，哪兒有賣？」原本無人問津的「抱娃」，在短時間內搖身一變成了搶手的熱門貨。

後來，他又想出了一個辦法。他請了幾位白皮膚的女孩，身穿夏裝，手中各拿一個「抱娃」，在繁華的街道上「招搖過市」，一下子吸引了大量往來行人的注意，連新聞記者也紛紛前來採訪。

第二天，報紙爭著刊登出照片和報導。沒想到，這次成功的推銷一時在韓國掀起了一股「抱娃」熱潮！

在這則故事中，金光中的兒子透過動腦思考，用黑白搭配的方式解決了抱娃賣不出去的問題，解了父親的危。這個創意看似微不足道，但它卻是成功的關鍵。

由此可知，要想自己的創意深入人心，就應該多研究他人的需求，因為只有這樣才能讓自己的創意取得成效。

賣水的淘金者

在日常生活中，經常有一些孩子在做事情的時候，總拘泥於一種思路，不敢想，不敢嘗試，更不可能有創新。如果您的孩子也有這樣的思考傾向，

那麼您不妨跟他講講下面這則故事。

19 世紀中葉，美國加州傳來發現金礦的消息。許多人認為這是一個千載難逢的發財機會，於是紛紛奔赴加州。17 歲的亞默爾也滿懷希望地加入了這支龐大的淘金隊伍中。

淘金夢是美麗的，但由於做這種夢的人實在是太多了，因此一時間加州遍地都是淘金者，而金子自然就越來越難淘。不但金子難淘，生活也越來越艱苦。當地氣候乾燥，水源奇缺，許多不幸的淘金者不但沒有圓了致富夢，反而葬身在這裡。

亞默爾經過一段時間的努力。和大多數人一樣，沒有發現黃金，反而被飢渴折磨得半死。一天，望著水袋中僅剩下的那一點點捨不得喝掉的水，聽著周圍人缺水的抱怨，亞默爾突發奇想：淘金的希望太渺茫了，還不如賣水呢！

亞默爾把自己的想法告訴了同伴，立刻迎來了各種嘲諷。

但是，亞默爾對別人的嘲諷無動於衷，他毅然放棄對金礦的努力，將手中挖金礦的工具換成挖水渠的工具，從遠方將河水引入水池，用細沙過濾，成為清涼可口的飲用水。然後，他將水裝進桶裡，挑到山谷一壺一壺地賣給找金礦的人。

當時有人嘲笑亞默爾，說他胸無大志：「千辛萬苦地到加州來，不挖金子發大財，卻幹起這種蠅頭小利的小買賣，這種生意哪兒不能做，何必跑到這裡來？」

亞默爾毫不在意，繼續賣他的水。由於水在此地存在著巨大的需求市場，而且他做這個生意根本不需要什麼成本，因此當其他淘金者都空手而歸時，亞默爾卻在很短的時間內靠賣水賺到了幾千美元，為自己的人生挖了第一桶金。

其實成功不一定非要按照哪一種模式才可以，許多在各行各業有卓越成就的人往往都是有創意的人。因此，做一件事情的時候，當原訂的途徑已經沒有辦法達到自己的目標時，應該學會從另一個角度看待問題，另闢蹊徑，

這時候說不定就會有一些意外的收穫。

醜女廣告

法國巴黎芝利亞兄弟化妝品公司，曾於 1926 年 7 月在《巴黎日日新聞》上刊登一則別出心裁的廣告，題為〈重金聘醜女〉。廣告詞大意是：凡自信長相最醜之本市少女，如能到本公司談話一小時者，本公司願付 20 法郎作為報酬，經過談話後，若雙方都感到滿意者，本公司將以重金聘用。

這一廣告傳開後，很快就有 10 餘名醜女前去應徵，公司從中挑選了 2 名最醜者予以重金聘用。

三個星期後，芝利亞兄弟化妝品公司又登出廣告宣布：醜女已選定，將於某星期六晚上在巴黎大舞臺與公眾見面，屆時還有舞蹈、音樂助興。

消息一傳開，便激起了人們的好奇心，競相前去赴會。

到了那天晚上，當幕布徐徐拉開之後，兩位醜女登臺，果然奇醜無比，觀眾議論紛紛。兩位醜女做了簡單的自我介紹之後，公司總經理芝利亞出臺講話。他說：「此次聘請醜女登臺，目的是為了讓大家看看本公司所生產化妝品的功效。請諸位稍候，我們到後臺為兩位醜女化妝片刻，然後再與觀眾見面。」

觀眾們等了一會兒，只見在舞、樂相伴下，臺上款款走出剛才亮相過的兩位少女，面塗脂粉，可謂舊貌換新顏，在燈光照耀下，雖不敢說光彩照人，但的確漂亮了許多。

觀眾們大為嘆服、嘖嘖稱奇。從此，這家化妝品公司名聲大振，產品也變得非常暢銷，使那些習慣於用美女打廣告的同行們自嘆不如。

眾所周知，生活中「選美」的事情常有，但「選醜」的事情並不常有。這家化妝品公司正是抓住了「不常有」的契機，用「選醜」的方式激發了公眾的好奇和關注，從而為他們的化妝產品打下了很好的廣告，並收到了「美」所沒有辦法達到的銷售效果。

金魚和魚缸

　　一位商人去一座小城推銷魚缸，但小城的人沒有在自己家裡養觀賞魚的習慣，而且他們對養魚也沒有任何經驗，儘管商人的魚缸工藝精細、造型美觀，可是他推銷了很久，買的人寥寥無幾。

　　商人想了想，就去花鳥市場找了一個賣金魚的老頭子，用很低的價格在他那裡買了五百條金魚。賣魚的老頭子很高興，因為他的生意一直很慘淡，今天這筆買賣真是讓他欣喜若狂。

　　商人讓老頭子帶著金魚和他一起來到了一條水渠的上游。然後，商人對他說：「把這五百條金魚全都放進水裡吧。」

　　看到老頭子迷惑不解的表情，商人說：「你儘管放心，買魚的錢我一元都不會少給你的。」聽了這話，老頭子便按照商人的吩咐，把五百條美麗的金魚全部投進了碧波蕩漾的水渠裡。

　　沒過多久，一條消息突然傳遍了小城的大街小巷。人們紛紛說，在那條穿城而過的水渠裡，居然出現了一條條漂亮、活潑的小金魚。城裡的居民們爭先恐後地來到那水渠邊，有些人竟然跳進水裡，小心翼翼地捕撈起小金魚來。

　　那些捉到了金魚的人，立刻興高采烈地去街上買了魚缸，而那些還沒有捕到金魚的人，也紛紛湧上街頭去搶購魚缸，他們興奮地想：既然這條渠裡有了金魚，雖然自己今天沒有捉到，但總有一天肯定會捉到的，買個魚缸早晚用得上。

　　賣魚缸的商人雖然把價格抬了又抬，但他的幾千個魚缸很快就被人們搶購一空。

　　因為有魚，所以才想到買魚缸，這是每個人都知道的道理。這個賣魚缸的商人正是摸著了這個門道，所以才想出了這個富有創造性的點子，讓自己囤積很久的魚缸銷售一空。

　　由此可見，創新並不是憑空想像出來的，而是有跡可循，並建立在現實的基礎上，因為只有這樣的創新才是有意義的。

薄餅帶來的收穫

哈姆威是一個製作糕點的小商販，他們家世世代代都生活在西班牙，但狂熱的移民潮席捲了整個歐洲，哈姆威也抱著淘金的心態來到了美國。

可是，美國並非如他想像中的那樣遍地都是黃金，哈姆威的糕點在西班牙的銷售情況和在美國的銷售情況，根本沒有多大的區別。

1904 年的夏天，哈姆威得知美國的路易斯安那州即將舉行世界博覽會，他覺得這是一個賺錢的好時機，便把自己的糕點工具搬到了會場地點。並且，值得慶倖的是，他被允許在會場外面出售薄餅。

但是，哈姆威的薄餅生意實在很糟糕，而他旁邊的霜淇淋生意卻很好。賣霜淇淋的商販一下子就賣出了許多霜淇淋，很快就把裝東西的小碟子用完了。

向來大方的哈姆威見狀，就把自己的薄餅卷成錐形，讓旁邊的商販用它來盛放霜淇淋。賣霜淇淋的小販見這個方法很不錯，便買下了哈姆威的薄餅。就這樣，大量的錐形霜淇淋出現在人們的手中。

令哈姆威意想不到的是，這種錐形霜淇淋紛紛被人們看好，最後它還被評為「世界博覽會明星」。

這件事讓哈姆威大受啟發，他開始嘗試著用更薄、更脆的東西來代替薄餅包裹霜淇淋。不久之後，啥姆威製作出的錐形霜淇淋便流行開來，它就是現在的蛋捲霜淇淋。

在我們的身邊，存在著許多「不可思議」、「想不到」的事情，而從這些「偶然」中創造出奇蹟的關鍵，就在於你能不能抓住那些「轉瞬即逝」的機會。

營造購物氛圍

有一次，臺北市一家經銷玩具的商店進貨，同時進了兩批玩具小熊，造型與品質幾乎不相上下，但產地卻不同，一種來自韓國，另一種來自香港。由於進價相差無幾，因此店老闆便讓店員都標明售價 6 元出售。

　　可是，銷售了一段時間之後，無論是韓國產的玩具小熊也好，還是香港產的玩具小熊也罷，很少有人購買玩具小熊。看著賣不出去的玩具小熊，店老闆愁眉不展，都降價的話顯然賠本，而且也難保很快都能賣出去。後來，店老闆靈機一動，想出了一個辦法：讓店員把香港產的玩具小熊 6 元的標價牌撤掉，換上 10 元的標價牌，而韓國產的玩具小熊仍維持 6 元的標價牌不動。

　　光顧該店的顧客一看，兩種玩具小熊並無差別，買韓國產的玩具小熊就是占了 4 元的便宜，於是，很多顧客都買了韓國產的玩具小熊。沒過多久，韓國產的玩具小熊就賣光了。

　　店老闆見韓國產的玩具小熊全賣光了，又讓店員把香港產的玩具小熊 10 元的標價牌撤掉，換上「降價出售」的牌子：「原價 10 元，折扣價 6 元。」

　　光顧該店的顧客一看，降價的幅度這麼大，也感到很便宜。沒過多久，香港產的玩具小熊也同樣銷售一空。

　　除了玩具小熊標價牌的一升一降，沒有其他任何變化。但這玩具小熊標價牌的一升一降，卻引起了顧客積極比較、選擇玩具小熊的心理，營造出了買方、賣方雙贏的良好氛圍，變「山窮水盡」為「柳暗花明」。

　　其實，運用價格的升降來刺激消費，並不是什麼新招。在日常生活中，大家就可以經常見到一些「賠本大降價」、「跳樓大拍賣」等的廣告，但是能夠吸引顧客，且讓他們信服的並不多。然而，臺北市的這家玩具商店之所取得成功，就在於它抓住了顧客的心理，讓他們既買到了東西，又覺得占了便宜。因此，買賣雙方都皆大歡喜。

祝福蘋果

　　有一年，市場預測顯示該年的蘋果將供大於求，這使眾多果農和行銷商都暗暗叫苦，認定今年將蒙受損失了。

　　可就在大家為即將到來的那個損失長吁短嘆的時候，一個果農卻在認真想對策。他想：如果能讓蘋果上出現表示喜慶與祝福的字樣，如「喜」、「福」

等字，那麼它就增加了一個「祝福」的功能，自然會賣個好價錢。

於是，當蘋果還長在樹上時，他就把提前剪好的紙型貼在了蘋果朝陽的一面，這些紙型有「喜」、「福」、「吉」、「壽」等。果然，由於貼了紙的地方陽光照不到，等蘋果成熟後把紙揭去，蘋果上就留下了痕跡。

由於這樣的蘋果的確是前所未有的，所以大受歡迎，在該年度的「蘋果大戰」中獨領風騷，而這個果農也賺了一大筆錢。

轉眼到了第二年，他的這一手別人已經學會了，但他的蘋果仍然賣得最暢銷，因為他想出了更有新意的點子。

這一年，他的蘋果上不僅仍然有字，而且還能鼓勵青睞者「一整系列地購買」：他將他的蘋果一袋袋地裝好，每個袋子裡那幾個有字的蘋果總能組成一句甜美的祝詞，如「祝您壽比南山」、「祝你們愛情甜美」、「祝您中秋愉快」、「永遠懷念你」等，於是人們再度慕名而至，紛紛買他的蘋果作為禮品送人。

這個聰明的果農能想到在蘋果上弄出祝福的字樣，確實高明，但更不簡單的是他未雨綢繆，在第二年又有了新的創意。的確，創新不是一勞永逸的事，它一旦傳開就不再具有任何新意，只有不斷地推陳出新才能讓自己永遠立於不敗之地。

給家長的悄悄話

在幼稚園裡，5歲的林霖拿著一大堆的剪紙奶聲奶氣地對小娟老師說：「老師，這是我自己剪的東西，你看看好不好啊？」

小娟老師接過來一看，不禁笑了，這些剪紙的造型各異，但你很難看出這是一些什麼東西。於是，小娟老師問道：「林霖，你能告訴老師，你剪的是什麼嗎？」

「這是受傷的老鷹，這是奔跑的小兔子，這是新型火箭……」林霖滔滔不絕地向老師介紹著他剪出來的作品，臉上充滿了期許。

　　小娟老師耐心地聽著，聽完，她撫摸著林霖的腦袋，微笑地說：「林霖，你剪得真好，你讓老師看到了不一樣的作品！」

　　孩子一聽這話，滿意地笑了。

　　看了這個故事，許多家長可能會說：「林霖明明把東西剪得亂七八糟，為什麼老師非但不指導他，教他怎麼剪才能把作品變得『栩栩如生』，反而表揚了他的『胡亂之作』呢？」

　　家長說的也許沒有錯，不好的東西，大家是有責任讓它變得更好，因為只有這樣才能符合邏輯。但是合乎邏輯的事物與創作其實沒有任何關係，孩子的視覺跟大人不盡相同，如果大人一味要求孩子按照自己的想法去做，無形當中只會抹殺了孩子自身的「創意」與對「事物」的感知能力，以後他做什麼事情都只會「模仿」而不去創新，這才是教育最大的失敗。

　　其實，每個孩子都具備一定的創新能力，然而，這種能力的高低，與大人的教育有很大的關係。歸結起來，孩子缺乏創新能力有以下幾個方面的原因：

1. **缺少創新經驗**：孩子從小就生活在家長這把保護傘的庇護下，凡事都由家長代勞。有些時候，老師安排了一些手工作業要求孩子回家完成，許多家長擔心孩子做不好，便全權代理了。這導致許多孩子動手能力差，更不可能有什麼創新能力。

2. **個人比較懶惰**：一些孩子寧願去看電視也不願意花時間「動腦」，只要能「蒙混過關」，自然不想多花時間和精力去進行所謂的「創新活動」。久而久之，孩子的創新「能力」越來越差，而惰性則越來越強。

3. **禁不起挫折**：有的時候，孩子喜孜孜地做了一件「作品」，但並沒有得到他人的「讚許」，有時候反而遭到別人的責備與嘲笑，這會嚴重地傷害孩子的自尊心與自信心，讓他認為自己「很笨」，不可能把事情做好。

4. **家長對孩子過於嚴苛**：有一些家長對孩子的要求非常高，希望孩子做什麼事情都要做到「最好」。當孩子沒有把事情做好的時候，家長就會生氣地斥責孩子的「不用心」，最後因恨鐵不成鋼，索性幫孩子做了這件原

本應該是孩子自己完成的事情。這讓孩子以為，反正我都是做不好事情的，當我做不好的時候，爸爸媽媽可以幫我做的，我又何必動腦筋呢？

總而言之，孩子創新能力的高低跟家長平時的引導息息相關。

想要把你的孩子培養成一個有創意、點子多、能力強的孩子，家長應做到以下幾個方面：

1. **家長應該替孩子營造一個寬鬆和諧的家庭氛圍**：專制、壓抑及溺愛都會使孩子缺乏創造力。因此，不管家庭成員多少，地位及年齡差距多大，孩子與其家庭成員之間的關係應該是平等的、民主的，而不應該是壓抑的、緊張的，甚至是恐怖的。

   就目前而言，孩子與其家庭成員之間的關係不恰當的表現主要有兩種：一種是一切都聽家長的，孩子沒有發言權，更沒有決策權，包括孩子對自己事情的決策權；另一種是孩子說了算，孩子是太陽，是小皇帝，所有的家庭成員都圍著孩子轉，孩子怎麼說家長就怎麼辦。這兩種家風都不利於孩子創新能力的培養。寬鬆愉悅，有事大家共同商量，一起想辦法，誰的想法好就聽誰的，只有這樣，孩子才能積極動腦筋，從而形成創新的意識和精神。

2. **啟發孩子提問題**：對於孩子提出的各種問題，與他一起討論，以啟發他從多個角度思考問題。

   提問是一種思考和鑽研，是具有探索意識的表現：孩子從會說話起，就開始會提問。由於年幼，孩子所提的問題經常會十分荒唐，有些可能無法回答，但不管問得怎樣，孩子都是渴求得到解答的，身為家長，都應該心平氣和地、認真地對待。對於孩子的提問，有些家長可以直接回答，有些則可以啟發孩子自己去尋找答案。

3. **鼓勵孩子的探索活動，啟發孩子思考**：家長要根據孩子的年齡大小和生活環境，經常利用節假日帶領孩子接觸新鮮事物：住在鄉下的，可以帶孩子去市區，讓他們認識市區的建築、交通設施等；住在市區的，可以帶孩子去鄉下走走，讓他們認識農作物、家畜、家禽，以及欣賞田園風

光，了解花鳥草蟲的生存特性等。

了解的事物越多，想像就越寬廣，就越有可能觸發新的靈感，產生新的想法：那種只想把孩子關在家裡，只想讓他寫字、畫畫、背詩的方法，只會把孩子培養成書呆子，而絕不可能培養成有創新能力的人。

4. **少一點空洞的誇獎，多一點實質的提問**：不要小看孩子的判斷和思考能力。你可以對孩子說一百遍：「你的畫是最棒的！」或者告訴孩子：「你做什麼事都做得最好！」但是，實際上年齡很小的孩子也能知道自己什麼做得好，什麼不好。因此，少一點空洞的誇獎，多一點實質的提問，家長可以這樣問：「你覺得怎麼畫，可以畫得比現在更好些呢？」「你覺得那件事該怎麼做可以做得最好呢？」

孩子對創新的錯誤認知：

★ **創新就是不傾聽別人的意見，固執己見**：然而並非如此，真正的創新提倡獨立思考，不人云亦云，但並不是不傾聽別人意見，孤芳自賞、固執己見。創新不迷信書本和權威，但不反對學習前人的經驗。自以為是、或總喜歡唱反調，並不是一種有創意的表現。

★ **創新就是自我，做什麼事情都應該獨立完成**：其實不然，事實上，團結合作與相互交流才是當代創新活動不可少的方式，一個不會合作的人，永遠也不可能做到真正的創新。

教學加油站

當孩子在創新的過程中，把事情搞砸了的時候，家長的錯誤反應：

1. **批評指責孩子，放大孩子的錯誤**：這樣的行為可能會讓孩子失去自信心，從此不敢輕易去嘗試新的事物，導致思考能力和解決問題能力的下降。

2. **過分寵愛孩子**：如果孩子做不好了，就索性自己替代，讓孩子「去旁邊玩」。這樣的做法會讓孩子變得越來越懶惰，從而失去了「創

新」的積極性。

3. **完全讓孩子自己去承擔失敗，不做實質性的引導，讓他孤軍奮戰：**
當孩子遭受失敗與挫折時，父母的引導、撫慰、激勵是非常重要的，因為這會讓孩子更有鬥志地去完成自己正做著的事情，並努力把它做好。

第三章　夢想是創新的動力

夢想是什麼?夢想是花朵的色彩,是小鳥身上的羽翼,是人類創造美好新生活的動力。透過夢想,人們寄託著自己對美好未來的憧憬、嚮往及追求。

夢想激勵著創新。世界上任何偉大的創新皆起源於偉大的動機,起源於激發人們創造欲望和創造衝動的偉大夢想。因此,家長們應從小激發孩子開拓創新的夢想,只有這樣,孩子才能在未來的競爭社會中贏得一席之地。

有夢想的孩子更有創造力

一個小男孩在他父親養雞場附近的一座山上，發現了一個鷹巢，他從鷹巢裡拿了一顆鷹蛋，帶回養雞場，把鷹蛋和雞蛋混在一起，讓一隻母雞來孵。

孵出來的小雞群裡有了一隻小鷹，小鷹和小雞一起長大，牠不知道自己除了是小雞外還會是什麼，因此小鷹很滿足，過著和雞一樣的生活。

但是，當小鷹逐漸長大以後，牠的內心開始變得不安起來，牠時不時地想：「我一定不只是一隻雞，我一定不能這樣過一輩子。」

直到有一天，有一隻了不起的老鷹翱翔在養雞場的上空。小鷹看著天上的蒼鷹，內心升騰起一股奇特的力量，牠想：「養雞場不是我待的地方，我要飛上青天，像鷹一樣棲息在山岩之上。」這樣想著，牠展開雙翅，奮力向高處飛去。

讓人驚訝的是，這隻從來不曾飛翔過的「鷹」居然真的飛上了青天，到了高山的頂峰。

這個時候，這隻在雞群裡長大的小鷹才發現，原來自己就是一隻了不起的鷹。

聽完這個故事，很多家長可能會說，我的孩子既不是雞，也不是鷹，他是一個人。一個平凡的人不可能有「鷹」的潛能，因此他們幸福、快樂、健康就好，我並不要求他們做什麼了不起的事情，而這也這是問題的所在。

正因為家長只要求孩子做平凡的人，所以當孩子「異想天開」的時候，家長總不忘潑冷水：「孩子，做人一定要腳踏實地，不要一天到晚胡思亂想。」或者乾脆說：「醒醒吧，別做夢了。」

就這樣，孩子的夢想夭折在父母「冷靜」與「理智」的斥責之下，從而慢慢喪失了「做夢」的能力。更有甚者，當一個孩子提起「夢想」一詞的時候，周圍曾經遭受過打擊的孩子就會嘲笑他「幼稚」。

事實上，在雞窩裡長大的鷹正因為不滿於現狀，夢想著飛翔，所以才發

揮了自己高飛的潛能。人也一樣，人只有不滿於現狀，以夢想為翅膀，才有可能迸發出創新的火花。下面同樣也是一個有關夢想的故事。

一天晚上，萊特兄弟在大樹下玩耍，他們看到天上有一輪圓圓的月亮，覺得又亮又好玩，就商量要把月亮摘下來，放在屋裡當燈用。

於是，兄弟倆就開始脫掉鞋子，爬上高高的大樹，希望站在樹上把月亮摘下來。但是，當他們快爬到樹頂的時候，一陣風吹動樹枝，把弟弟從樹上搖落下來。幸運的是，他被另一根樹枝勾住了衣襟，後來是爸爸把弟弟抱了下來。

爸爸一邊幫孩子包紮傷口，一邊對他們說：「你們想摘下月亮的想法很好，但月亮並不是長在樹梢上，而是掛在天空中。想要摘到月亮，你們就應該造出一種會飛的大鳥，騎上牠到空中去摘月亮。」父親的鼓勵在年幼的萊特兄弟心裡留下了深刻的印象。

後來，他們果然造出了會飛的「大鳥」，實現了自己的夢想。

人類的科技發展史和發明創造史告訴大家，光芒四射的發明創造，往往起源於人類偉大的創新夢想。

微軟「巨人」比爾蓋茲之所以在電腦領域取得舉世矚目的成就，創造出富可敵國的巨大財富，最初的動力就在於他當初有一個曾被人們看做是天方夜譚的、近乎神話般的夢想——要在每個人的桌子上都擺上一臺家用電腦。正是源於這一夢想，比爾蓋茲開創了個人電腦時代，他設計的電腦作業系統——Windows系列風靡全球。他的夢想實現了，與此同時，全世界的電腦產業也獲得了突飛猛進的發展。

無數的例子證明了，夢想才是創新的最初動力。

有了夢想，人類才能展開想像的翅膀，人類才有探索宇宙、揭示萬物奧祕的信心和勇氣，人類才在探索創新的實踐中不斷升起對美好生活的憧憬和希望。

有了「嫦娥奔月」的夢想，人類才發明了飛機、火箭、人造衛星、太空船，才一步步實現了登月的理想。正是因為有了不斷追求卓越、超越時代的

夢想，電腦才從龐大到小巧，從電子電腦發展到量子電腦、生物電腦，電腦的運算速度才不斷突破每秒千次、萬次、億次、十億次、百億次、千億次、萬億次，並向著更快的速度、更強的功能以及更卓越的性能飛躍；有了破譯「生命天書」的夢想，才有全世界聯合起來共同描繪基因圖譜的壯舉……。

總而言之，正是人類的偉大夢想，生生不息地推動著科學技術的飛躍，促進人類文明的發展。

當然，並非所有的夢想都能夠變成現實，因為夢想畢竟包含探索性、幻想性及預測性，具有猜測的成分，有待實踐的核對和驗證。要把異想天開般的夢想變成現實，還必須有腳踏實地的創新實踐，但是，夢想畢竟為人類探索未來提供了極為寶貴的活力。

小提醒

家長應怎麼做：

1. 尊重孩子的夢想，永遠不要以大人「理智的眼光」去看待孩子的夢想，更不能因為孩子夢想的「幼稚」而去嘲笑他。
2. 家長應正確地去引導孩子的夢想與成功接軌，讓他在成長的路上充滿了成功的希望。

從「齊奧爾科夫斯基的夢想」談起

周凱已經 12 歲了，可他成天一副無精打采的樣子，讓人看了很著急。

有一天，周凱看完電視又慢吞吞地開始寫作業了。周凱的媽媽走了進來，關心地對他說：「孩子，你整天昏昏沉沉的樣子，是不是生病了？」周凱無奈地對媽媽說：「媽媽，我也不知道這是為什麼，我總覺得日子太漫長了，我好想一下子就能長大！」

媽媽語重心長地說：「那你長大了想做什麼呢？如果只是為了長大而長大，你長大以後依然也是現在這樣啊！」

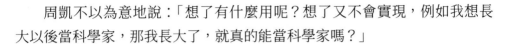

周凱不以為意地說：「想了有什麼用呢？想了又不會實現，例如我想長大以後當科學家，那我長大了，就真的能當科學家嗎？」

媽媽慈祥地注視周凱，看他說得很認真，於是就跟他說了一個故事。

著名的蘇聯科學家齊奧爾科夫斯基從小就是一個愛異想天開的孩子。

8 歲時，齊奧爾科夫斯基的母親送給他一個很大的氫氣球，氫氣球能在空中自由飄動，這引起了他極大的興趣。他常常聚精會神地仰望天空思索：能否乘坐氣球去航行？

10 歲時，齊奧爾科夫斯基得了猩紅熱引起併發症，完全失去了聽覺。但是，齊奧爾科夫斯基沒有失去信心，他白天到圖書館刻苦自學，一到晚上，他就盡情地展開想像的翅膀，設想出各種方法，來實現飛行的願望。

齊奧爾科夫斯基想：是否可以製造一個永遠懸在天空中的金屬氣球呢？是否可以發明一種航行飛行器呢？是否可以利用地球旋轉的能量呢？

當時，有很多人嘲笑他是一名「無用的空想家」和「狂妄的設計師」，但是，這一切都沒有阻擋他探索的步伐。

有志者，事竟成。1883 年，他闡述了太空船的設計方案。

1903 年，他發表了著名的齊奧爾科夫斯基公式 —— 火箭運動公式。他首次提出液體燃料火箭的構想，並設計了世界上第一枚液體燃料火箭發動機的構造示意圖。1929 年，他又首次提出了多節火箭的設想。他還提出了建立星際太空站的大膽設想。

現在，這些設想都已經成為現實。

聽了這個故事，原本浮躁不安地周凱變得安靜了，他若有所思地看著媽媽：「媽媽，你的意思是只要有夢想，就可以成功？」

媽媽回答說：「是的，有了夢想，並且肯為夢想付出自己的努力，堅持不懈，你一定能夠成功的！」

「媽媽，你放心吧！我會努力的！」周凱堅定地對媽媽點了點頭。

這天晚上，周凱認真地做完了作業，還把自己的理想與每天的計畫寫了

下來，貼在牆上督促自己。

看著孩子的變化，周凱的媽媽偷偷地笑了，她是多麼慶幸自己講了這個故事。

備選故事任您挑

成功者多出於夢想家。只要心中擁有夢想，人就會生活的有希望，並不斷地創造生命的奇蹟。同時，是否擁有夢想，也是衡量一個人能否成功的標準之一。

童年是多夢的時期，智慧的家長會精心呵護，讓孩子夢想的種子順利長成參天大樹。如果您希望自己的孩子擁有夢想，對生活充滿了熱情與希望，那麼就可以多跟他講講下面這些有關夢想的故事。

茅以升的架橋夢

假若有一天，您的孩子告訴您，他想創造出一個「零食機」，無論想吃什麼都可以從中取出來。這時，千萬不要嘲笑他的貪吃與他的異想天開。其實，有了夢想後，才會有奇蹟。

茅以升是著名的橋梁專家。茅以升小的時候，家住在南京，離他家不遠的地方，有一條大河，每年端午節，人們都在這條大河裡舉行龍舟比賽。

茅以升 9 歲那年，他很早就和幾個朋友約好，要在端午節那天一起去看龍舟比賽。等啊等，終於等到了端午節，可是，沒想到在端午節的前一天晚上，茅以升病倒了。

第二天，別人都到大河上去了，而茅以升只能躺在家裡。他心裡很著急，希望他的朋友們能早點回來，把龍舟比賽的情景說給他聽。

傍晚，他的朋友們回來了。他高興極了，馬上坐起來，對朋友們說說：「快跟我講講今天有多熱鬧。」

可是，他的朋友們卻告訴他一個不幸的消息，大河上出事了。

「出了什麼事？」茅以升有些緊張。

「今天去看熱鬧的人太多，把河上的橋壓塌了。」

聽到這個不幸的消息後，茅以升難過極了。

這天傍晚，爺爺跟茅以升講了一個神話故事，故事的內容是古時候，在東海邊的一座高山上，住著一位白髮爺爺，他有一枝神奇的筆，用它畫鳥，鳥能飛；用它畫老虎，老虎能跑……。

茅以升入神地聽著，他一邊聽一邊想：「如果我有這枝神奇的筆那該有多好，那時我就能幫大家畫一座橋，並且這座橋結結實實，永遠也不會倒。」

從此，這個想法扎根在茅以升的內心深處，他處處留心橋，時時觀察橋，凡是能看到的橋他都會將其畫下來，認真思索、觀察。這樣，在他二、三十歲的時候，就已經累積了很多關於橋梁的知識。

後來，他一直為自己的理想艱苦奮鬥、刻苦鑽研，經過長期的努力，他終於成為一位著名的橋梁專家，架設了一座又一座既結實又美觀的大橋。

孩子，有了夢想就應該像茅以升那樣付諸行動，只有這樣，夢想才能變成現實，夢想也才能創造出你想要的東西。如果你暫時還沒找到自己的夢想，那也沒關係，找個機會，坐下來認真想想，自己以後想成為一個什麼樣的人呢？然後，把答案寫下來，貼到牆上。每天想像自己已經實現了願望，不斷地激勵自己朝著這個願望去努力。只要你願意，你就可以成為自己想像中的那個人！

史坦梅茲的願望

夢想是孩子創新的動力，它不僅可以激起孩子創新的火花，還會指引著他一步一步邁進成功的殿堂。如果身為家長的您想從小就在孩子的心中播下夢的種子，那麼就應該從〈史坦梅茲的願望〉開始，講述那些有關夢想的故事。

史坦梅茲生下來就背部隆起，左腿不能伸直。1歲的時候，母親又去世

了。史坦梅茲失去了母愛，但是，史坦梅茲的奶奶對他很好，她經常說故事給史坦梅茲聽。

有一次，奶奶不在家，史坦梅茲用積木搭起了一座宮殿，他想讓自己的宮殿金碧輝煌，於是，他點了一個小蠟燭放在搭好的宮殿裡面。剛開始宮殿確實明亮了起來，史坦梅茲非常高興，但是沒過多久，宮殿著火了，史坦梅茲嚇壞了，他不知道該怎麼辦。這時候，奶奶回來了。奶奶沒有罵史坦梅茲，她用水澆滅了火。這時候，史坦梅茲的心裡有了一個願望，那就是一定要發明一種光亮，既可以照亮宮殿又不會把它燒成灰燼。

這個願望一直激勵著史坦梅茲。後來，史坦梅茲成為一名機電工程師，專門研究電能。他以卓越的數學才能科學地闡述了電流遲滯現象，形成了系統性的電學理論。根據他的理論，人們建造了發電廠，史坦梅茲童年的願望也實現了。

史坦梅茲是一個執著於夢想的人，在夢想的指引下，他勇於突破，善於創新，最後終於成了一名科學家。如果你同樣也有美好的願望，那麼就用願望激勵自己吧。從夢想中，你可以預見到自己的未來，可以創造出他人難以想像的奇蹟！

諾貝爾與安全炸藥

不管是齊奧爾科夫斯基，還是史坦梅茲，或者是其他的科學家，他們之所以能夠顛覆過去，成就他人所不能成就的事業，其根本原因就是因為他們的內心都有一個堅定的信念在支撐著。諾貝爾獎金的創立者 —— 諾貝爾也是這樣一個醉心於夢想的人。

提到諾貝爾，人們都會想起諾貝爾獎。而諾貝爾獎金的設立，又是與安全炸藥的發明連在一起的。

諾貝爾是一位瑞典人，他父親專門從事硝化甘油炸藥的生產和銷售。硝化甘油是義大利化學家索布雷洛在 1846 年發明的，這是一種油態的液體，稍受衝擊便會發生猛烈的爆炸。因此，老諾貝爾的工廠一再發生爆炸事故，死傷了好幾個人，其中包括諾貝爾的哥哥，老諾貝爾也因操勞過度中風而臥

床不起。面對著接二連三的事故，諾貝爾非常悲傷，他想：「如果能夠製造出一種安全炸藥，那該有多好？」因此，他下定決心研究新的安全炸藥。

經過了無數次的技術研發與改進，諾貝爾終於研製出一種既安全，爆炸力又強的新型炸藥。

諾貝爾終生獻身於火藥研製這一冒險事業，他的初衷原本在於向死神奪取烈性炸藥中那種征服自然和改造自然的偉大力量，他的科學成果雖然也被用於和平建設事業，但卻在更大程度上用於戰爭。諾貝爾對此深惡痛絕，並為此深感遺憾。

多年的冒險實驗損壞了諾貝爾的健康，1896 年 12 月，65 歲的諾貝爾已處於生命垂危之際。但是，他仍然為自己的發明帶給人類災禍而深感內疚。臨終時，他託付親友，從他的遺產中提取 920 萬美元作為基金存入國家銀行，以其每年的利息 20 萬美元作為獎金，獎勵給各國每年在科學事業與和平事業中做出傑出貢獻的科學家和社會運動家，這就是舉世聞名的諾貝爾獎金。

自 1901 年起，由瑞典科學院主持每年在世界範圍內從生理學、醫學、化學、物理及文學等方面選出前一年最突出的一項成就，分別授予約相當於 10 萬美元的獎金。而諾貝爾獎已被現代人公認為是科學家的最高榮譽。

孩子，當夢想創新插上翅膀的時候，借著翅膀，你可以在人生的天空中高高地翱翔。一個有夢想，並願意為夢想付出辛勤與汗水的人，才會被他人牢記。

摔不破的杯子

今天，人們在很多地方都使用紙杯，這是因為紙杯不僅方便，不怕被摔破，而且還不會汙染環境。

紙杯是哈佛大學一個名叫休伊摩爾的學生發明的。當時，休伊摩爾的哥哥發明出一臺礦泉水自動販賣機，但是這種機器裡面用的杯子都是陶瓷做的，很容易被打破。正由於這個原因，原本熱賣的機器，漸漸地人氣大跌，

最後無人問津。為此，休伊摩爾的哥哥感到很煩惱。

有一天，哥哥又在清理機器旁邊被摔壞的杯子，休伊摩爾見了，不禁想：如果能發明出一種摔不破的杯子，那哥哥就不會為這件事情發愁了。可是，用什麼材料好呢？休伊摩爾一邊想，一邊拿起一張紙在手裡玩起來。

「對了，為什麼不用紙呢？要是用紙做杯子的話，就絕不會摔破？我一定要發明一種摔不破的紙杯。」

休伊摩爾把自己的想法告訴了哥哥，哥哥卻認為不可行：「紙浸了水就會變溼變軟，怎麼可能做杯子呢？你可真是異想天開。」

雖然自己的想法被哥哥否定了，但是休伊摩爾並沒有灰心，他堅信用紙做杯子是可行的。於是，他嘗試各式各樣的方法，做了無數次的試驗，終於發明出了一種不容易被水浸溼的紙，當他把用這種紙做成的杯子拿給哥哥看時，哥哥驚奇不已，馬上開始在他的礦泉水自動販賣機裡使用這種摔不破的杯子。

休伊摩爾在發明了不被水浸溼的紙杯之後，哥哥所發明的礦泉水自動販賣機又重新在各地熱賣了。

一個人只有執著於自己的夢想，不氣餒、不放棄，才有可能創造出奇蹟。休伊摩爾發明紙杯的故事講述的就是這樣的道理。

福勒創業

福勒是美國一個黑人佃農的七個孩子中的一個，他在 5 歲時開始勞動，在 9 歲以前，以趕騾子為生。但是，他的母親是一位勇於想像的女人，不肯接受這種僅夠糊口的生活。

她時常和福勒談論她的夢想：「我們是窮，但我們為什麼應該貧窮呢？我不願意聽到你說我們的貧窮是上帝的意願。我們的貧窮不是由於上帝的緣故，而是因為你的父親從來就沒有產生過致富的願望。我們家庭中的任何人都沒有產生過出人頭地的想法。」

「我們應該有致富的憧憬。」這個觀念在福勒的心靈深處刻下了深深的烙

印，以至於改變了他的整個人生。他開始想走上致富之路，致富的願望就像火花一樣迸發出來，並且他相信自己能夠致富。如今，他不僅擁有一家肥皂公司，還擁有四家化妝品公司、一家襪類貿易公司、一家標籤公司以及一家報社。

福勒想致富，經過努力，最終成了富翁。這說明有怎樣的夢想，就會有怎樣的人生。

世界聞名的汽車大王福特也曾深有感觸地說道：「認為自己能行是正確的，認為自己不行也是正確的。因為，不論是前者還是後者，結果都會按你認為的那樣出現。」

沙子變珍珠

孩子，也許你現在不過是一個小小的孩子，就像一粒小小的沙子。但是，你知道嗎？沙子只要擁有夢想，經得住磨練，一樣是可以成為珍珠的。

很久很久以前，有一個養蚌人，他想養一顆世上最大最美的珍珠。

他去海邊沙灘上挑選沙粒，並且一粒一粒的問那些沙粒願不願意變成珍珠，那些沙粒咪咪地笑了，紛紛搖頭說不願意。養蚌人從清晨問到黃昏，他失望極了。

就在這時，有一粒沙粒大聲地回答：「只要能變成珍珠，我願意！」旁邊的沙粒聽了，都嘲笑起那粒沙粒：「你是沙子，怎麼可能變成珍珠呢？你真的太傻了！你知道去蚌殼裡住，將要遠離自己的親人和朋友，還見不到陽光雨露、明月清風，甚至還缺少空氣，只能與黑暗潮溼、寒冷孤寂為伍。你真的願意這麼做嗎？」

那粒沙粒毫不動搖，因為它非常想成為那美麗的珍珠！

斗轉星移，幾年過去了，那粒曾經的沙子真的長成了一顆晶瑩剔透、價值連城的珍珠。然而，那些曾經嘲笑它的同伴們，有的依然是海灘上平凡的沙粒，還有的已風化為塵埃，從此再也看不見了。

在傳統的眼睛看來，沙子是沙子，珍珠是珍珠，二者不能相提並論。可

事實上，沙子披上夢想的外衣，經過時光醞釀與歲月磨礪，最終真的可以變成珍珠，這正是夢想的魅力。

孩子，如果你覺得做一粒沙子也快樂，那就做一粒沙子吧！沒人會因此責備你的。但是，如果你並不滿足於做一粒普通的沙子，那就勇敢去挑戰、堅韌地承受吧！磨練總會褪盡你身上的鈍鏽，讓你的人生之劍閃耀熠熠之光。

給家長的悄悄話

1969 年 7 月 20 日，阿姆斯壯和另外一名太空人一起乘坐「阿波羅 11 號」登上月球，完成了人類歷史上首次載人登月任務。這位 6 歲時就坐過飛機，未滿 18 歲就取得了飛行執照的太空人講了自己小時候的一個故事。

有一次，小阿姆斯壯在院子裡玩耍，弄出了很多古怪的聲音，媽媽在廚房裡聽到了，便問他：「你在幹嘛？」小阿姆斯壯說：「我要跳到月球上！」媽媽沒有像別的母親那樣潑他冷水，罵他胡說八道，而是說：「好啊，不要忘記回來喔！」

正因為阿姆斯壯的父母從小就注重保護他的「夢想」，所以小小年紀的阿姆斯壯就對「月球」充滿了幻想。最終，他完成了自己的夢想，完成了人類登月的偉大壯舉。

這個故事，能為家長們帶來怎樣的啟發呢？孩子的夢想可能是荒唐的，可能是怪異的，但它是童心上長出的小樹苗。如果家長能給孩子的夢想一份欣賞、一份呵護、一份引導，那麼它就有可能長成一棵參天大樹。

在繪畫課上，老師對如何畫蘋果做了一番精心的指導後，便安排學生開始繪畫。交作業的時候，老師發現有個學生畫的蘋果是方形的，覺得很奇怪，便問這位學生：「蘋果都是圓形的，為什麼你要畫成方形的呢？」

學生回答說：「因為媽媽把蘋果放在桌上時經常會滾到地上，如果蘋果是方形的，那就不會掉到地上了。」

這位學生就是根據「不讓蘋果再掉地上了」這個目的和希望創造出了方形的蘋果。這個時候，身為老師是允許孩子創新還是遏止孩子的「胡思亂想」呢？明智的老師可能會說：「你真是個有理想的孩子，我相信經過努力，有朝一日你一定可以種出方形蘋果的！」然而，一個缺乏創新意識的老師可能會責備孩子說：「蘋果怎麼可能是方形的呢？這個世界上從來都沒有方形的蘋果！」兩種老師，他們的教育結果也是我們可以想像得到的。前者教出的一定是一個富有創新精神的、有理想的孩子；而後者，他是孩子創新能力的劊子手，只會把孩子的創新能力扼殺在搖籃裡。為了讓自己的孩子更富有創新精神，在今後的社會中更有競爭力，請對他們的夢想給予讚許吧！因為多一份讚許，就會多一種可能。

當然，孩子的夢想是會隨著成長而變化的。例如，孩子小的時候，他可能只想有一枝馬良的神筆，畫一個寶貝去幼稚園，而自己可以跟著媽媽；孩子上國小以後，也許就夢想著自己能像一休那樣聰明；然而，當孩子進了中學時，他可能就想當某個明星了……。

不管孩子有什麼夢想，家長都應該學會欣賞，並引導孩子為夢想而奮鬥。只有這樣，夢想才能轉化為動力、能力及創造力。為了營造孩子的夢想世界，讓孩子把夢想轉化成創新的助力，家長應該從以下幾個方面來做：

1. **引導孩子確立目標**：光有夢想，是遠遠不夠的，因為夢想可能是比較遙遠、籠統的概念，只有把夢想細節化、具體化，才能在具體的實踐中付諸行動。而細節化、具體化的夢想就是目標。

2. **鼓勵孩子立刻採取行動**：夢想重要，而行動更重要。一張最精確的地圖，也不可能將旅行者直接運送到目的地。因此，採取行動是一切知識獲取、成長進步的關鍵。

3. **灌輸夢想一定能成真的信念**：世上每一本宗教典籍都是在訴說信仰和信心帶給人類的力量和影響。只要孩子相信夢想會成真，就會充滿動力和自信。自信對孩子來說非常重要。樹立自信其實就是一個人戰勝自己心理障礙的過程。有了自信，他就會主動參與一切活動，主動跟人交往，

在機遇面前比其他人更善於爭取。同時，父母也必須與孩子保持一致的觀點和理念，要相信他一定能夢想成真。

4. **增強孩子面對挫折的能力**：幾乎所有的父母都在擔心孩子遭受打擊、陷入困境，害怕他有挫折感。但是，大多數成功的人都經歷過挫折，而且正是他們當初的坦然面對，才成就了今天的事業。經歷困難挫折之後，才會得到真正的成長，而曾經的那些苦難經歷反倒能成為人生一筆難得的財富。它磨練了人的韌性，煥發人的潛能。因此，當孩子失敗時，父母應該教導他如何接受失敗。

5. **教孩子學會積極主動**：積極主動是對環境刺激所做出的積極回應。凡事應該積極主動。當你積極主動時，是你讓事情發生；而當你消極被動時，是事情在你身上發生。對待夢想永遠要飽含積極主動的熱情。

營造孩子的夢想，鼓勵孩子的夢想，請對孩子說：

✧ 「好好努力，你一定會成為自己想成為的人。」

✧ 「你一直在做自己夢想做的事情，你一定會成功的。」

✧ 「你一直很執著，我為你驕傲。」

✧ 「想了就去做，這樣的性格是我欣賞的。」

父母的鼓勵在激發孩子潛在的能力方面，能產生非常大的作用。每天，請用不同的方式激勵您那愛「做夢」的孩子。

教學加油站

家長需要遵循的原則：

1. 激發孩子的夢想要循序漸進。

2. 要幫助孩子明確和強化自己的夢想。

3. 不可挖苦和嘲笑孩子的夢想。當孩子出現懈怠的時候，請理解，並鼓勵他堅持。

4. 鼓勵孩子要勇於創新，不要對自己說「不可能」，因為這個世界沒有辦不到的事情。

第四章　好奇心播下創新的種子

好奇是孩子的天性。對於孩子來說，周圍的事物無一不充滿了神祕感。因為對神祕世界的好奇，他們不管看到什麼事物，都要問一問、摸一摸，試圖想搞清楚。

孩子的這種天性恰好是創新的源頭，探索的最初動機。在這種動機的支配下，他們充滿了求知的熱情和不知疲倦的探索精神。

身為家長，不僅要保護孩子的好奇心，還應該充分激發他的好奇心，以使其表現出更大的創造性。

好奇心是創新的基礎

好奇心是人類了解世界、探索自然及社會奧祕的重要心理基礎。

很多著名科學家從小就具有超出常人的好奇心和旺盛的求知欲。牛頓的萬有引力的發現離不開對蘋果自由落地的好奇；瓦特面對水開了蒸汽會頂起鍋蓋而感到疑惑，結果發明了蒸汽機；法布爾從小就對昆蟲有濃厚的興趣，最終成了著名的昆蟲學家；陳景潤的哥德巴赫猜想離不開對「1+2 等於 3」的好奇；地質學家李四光因為對來歷不明的石頭充滿了遐想，因此發現了第四紀冰川的遺跡，糾正了學者們對第四紀冰川的錯誤論斷……。

凡此種種，都說明「好奇」是一個人探索未知領域的開端，它能激發人們去積極思考，並引導人們去對那些不了解而又渴求知道的事物和現象產生疑問，提出「是什麼」、「為什麼」等問題，從而增長知識和見聞。如果把強烈的好奇心和科學的想像力結合起來，就會表現出很大的創造性。

對於孩子們來說，好奇使他們的心靈深處充滿了探索、求知的欲望，這寶貴的好奇心也是他們智慧的火花，更是促使他們學習求知的原動力。一個缺乏好奇心，對什麼事物都覺得平淡無奇、麻木不仁的孩子，是不可能有強烈的求知欲望，更不可能做出任何偉大事業的。

好奇心強的孩子通常都比較愛問問題。一些在大人看起來非常幼稚可笑的問題，他們總是問個不停，例如「寶寶是從哪裡生出來的」、「天上真的有神仙嗎」……。

在愛迪生 3 歲時，他的父母經常發現他會靜下來像大人一樣思考。

一次，愛迪生問父親：「為什麼颶風？」

父親回答：「愛迪生，我不知道。」

愛迪生又問：「你為什麼不知道？」

父親說：「你問你母親吧。」

愛迪生就只好去問母親。

後來，母親終於給了他一個正確的答覆。這在很大程度上保護了愛迪生的求知欲望，使其能在以後的人生中依然孜孜不倦地追問那些他無法理解的現象與問題。

好奇心強的孩子注意力不太集中，他們總容易受到外界的誘惑。

豆豆今年已經上國小三年級了，從孩子念幼稚園開始，媽媽就常常聽老師責怪豆豆。老師總是找媽媽告狀：「豆豆今天把蚯蚓放進了女同學的書包裡了」、「豆豆上課沒有專心聽講，而是轉向後面觀察班上同學的表情」、「豆豆蹲在廁所裡不出來，因為想看看其他同學進廁所見到他時的表情」、「豆豆寫作業太慢了，原因是他要看同學怎麼寫」，類似的事情數不勝數，豆豆的媽媽覺得自己已經筋疲力盡了。

好奇心強的孩子還經常充當小破壞分子的角色。他們會用力砸開收音機或玩具機器人，想看看那些會唱歌、說話的東西；他們會把媽媽的化妝品弄得亂七八糟，為的是幫自己抹香香……。

因此，在大多數人的眼裡，過於好奇的孩子有時候還是「問題小孩」。

小欣最近覺得忍無可忍了，她的寶貝兒子鬧鬧真是名符其實，一天內能八次把抽屜翻得底朝天，光碟扔得滿地都是，5分鐘換一張光碟，剛買的光碟就讀不出來了，鬧鬧還一直追著問：「光碟為什麼壞了？你說呀！你說呀！」如果有什麼東西找不到了，肯定是在垃圾桶裡，那時只能慶幸還沒有倒掉。

往日窗明几淨的房間變成了如今的垃圾場。最令人難以忍受的是吃飯的時候，保守估計，鬧鬧平均每頓飯最少擅自離開座位10次，磨蹭半天還是剩了半碗冷飯不肯再吃，最後還弄翻了碗筷。還有，當他興奮地在屋裡跑來跑去，一屁股坐在花盆裡，把無辜的杜鵑花碾成一團的時候，小欣總感覺到自己的心跳在加速。

鬧鬧還有一個愛好：收藏垃圾。每次出門，他總是帶回大量的石頭、樹葉、爛木頭、碎紙片……並且當寶貝似的收在床上、沙發上、抽屜裡，甚至藏在被子裡。從此，那些無休無止源源不斷來自任何一個骯髒角落的垃圾成了

小欣的心腹大患。

　　睡覺也是難題，早已過了睡覺的時間，小欣好言相勸，放了兩遍催眠曲、三遍唐詩，以及講了四個故事後，早已疲憊不堪，鬧鬧把被子蒙住全身，嘻嘻哈哈地翻滾，還精神抖擻地從小欣頭上跨過，或者從身上跳過，碰巧又踩痛小欣的手肘……。

　　此外，好奇心強的孩子精力充沛，調皮好動，經常闖出一些禍，總是讓家長們防不勝防。

　　因為孩子的好奇有些時候難免要與他們的「淘氣」連繫在一起，所以會經常受到家長的責罵。然而，家長的責罵、制止，從某種意義上來說，會挫傷孩子的好奇心與求知欲。

　　孩子的好奇心被挫傷表現在以下幾個方面：

★鬱鬱寡歡，對很多事情都不感興趣，擔心因為自己的好奇受到責罵。

★懶散、缺乏鬥志，別人覺得有意思的事情，他會覺得無聊、不有趣。

★目標性不強，不知道什麼時候該做什麼事情，對自己的生活沒有要求，更沒有計畫。

★貪玩，怕學習，覺得只有玩才能讓他們的心有所寄託。

★不愛發表自己的意見，對很多問題一問三不知。

★迷茫，成天一副昏昏欲睡的模樣。

　　如果您的孩子有以上的傾向，家長一定要檢討、反省一下自己在教育孩子過程中，對孩子是否有過一些不恰當的對待，忽視了他的感受，從而導致他的心理受挫。並且，以此為鑑，積極尋找相對應的方法。

小提醒

如何判斷自己的孩子是否有好奇心？

1. 經常觀察孩子的行為舉止，看看他是否有上文所說的那些好奇的特徵。如果孩子因為好奇導致調皮、搗蛋，家長切不可過於嚴

厲，而應該進行適當的引導。

2. 解孩子在學校裡的行為。家長應加強與學校老師的溝通與交流。
   透過交流，了解孩子的求知欲與好奇心，從而更好地做到與學校
   配合，促進孩子的發展。

3. 從孩子的朋友中了解。孩子對事物的關注程度如何？是否善於幫
   朋友們出謀劃策？

   總而言之，家長只有從生活的各個角度去了解孩子，才能更好地
教育他，也才能更好地培養其創新的思考與能力。

講個「芬森和小貓」的故事

好奇是孩子的天性，但兒童時代的好奇心大多是幼稚的，而幼稚的好奇
心是不會長久的。愛因斯坦就曾經說過：「純真的好奇之光只會漸漸熄滅。」
然而，科學家的好奇心理一旦被激起來，它所點燃的思考火焰，不到問題的
徹底解決時是不會熄滅的。〈芬森和小貓〉講的就是這樣一個故事。

丹麥著名科學家尼爾斯‧芬森養著一隻小貓，而這隻小貓非常淘氣，一
下跟狗打架，一下又把母雞追得團團轉。

因為經常打架，小貓幾乎每天都帶著一身傷回來。開始，芬森還經常幫
牠擦藥，後來發現，就算不幫牠擦藥，牠的傷過一段時間也會好，所以也懶
得管了。

一個炎熱的午後，芬森在陽臺上乘涼，他發現那隻頑皮的小貓也靜靜地
趴在地上。這太難得了，芬森覺得很奇怪，就注意觀察起來。他發現每當小
貓身邊出現陰影的時候，小貓就挪動一下身子，移到有太陽的地方。天氣這
麼熱，小貓為什麼還要在太陽底下曝晒呢？難道這裡面有什麼古怪嗎？

芬森走下陽臺，來到貓的身邊，蹲下來用手輕輕地撫摸著小貓。忽然，
他發現貓身上有一個流膿的傷口。他好奇地想：「貓是不是在利用陽光進行
治療呢？難道陽光裡含有什麼東西嗎？」

於是，芬森對陽光進行了分析和研究。最後，他發現陽光中有一種紫外線，紫外線對傷口具有良好的治療作用，小貓晒太陽正是在利用它殺死身上的細菌，達到療傷的目的。

芬森受到啟發，開始了光對人體生理作用的研究，並獲得了成功。他因發現「日光療法」成為世界上第一位利用自然光源治療疾病的專家，並於1930年榮獲諾貝爾生理學獎。

這樣的小故事在科學家創新的道路上比比皆是。

偉大的天文學家哥白尼在中學時代，聽說可以用太陽的影子來確定時間，這個儀器的名字叫日晷。他很好奇，就找老師問了日晷的原理，回家找了些廢棄老舊的材料，很快就做出來了，然後，他利用自己做出來的日晷，研究太陽和地球的運動規律。哥白尼長大後，提出了著名的「日心說」，推翻了過去一直認為是太陽繞地球轉的「地心說」這個錯誤說法。

化學家羅蒙諾索夫，出生在一個漁民家庭，從小隨父親到海上打魚。小時候的他對大海發生的所有自然現象都感興趣。回到家裡，羅蒙諾索夫總是要問父親許多問題：「為什麼夏季傍晚海面會出現光亮的水紋？」「為什麼冬夜天空會出現絢麗的北極光？」「為什麼海水每天兩起兩落？」

正因為這些科學家有著一般人所沒有的好奇與執著，才促使他們一步步地攀登上科學的高峰，取得舉世矚目的成就。

備選故事任您挑

好奇心每個孩子都有，只是有些孩子好奇心比較強，而有些孩子好奇心比較弱而已。

好奇心強的孩子，會因為對未知世界的好奇，而充滿學習與探索的熱情，希望因此能了解到更多的知識與資訊，滿足自身求知的欲望；而好奇心比較弱的孩子，雖有好奇，但這種好奇心並不持久，因此也不可能轉化為創新的動力。

為了更大程度上滿足不同孩子的需求，編者特地準備了以下的備選故事，希望透過以下的故事，激發孩子旺盛的好奇心與求知欲。

螞蟻為什麼變大了

早在五百多年前，人們就已經能夠製作凹透鏡和凸透鏡，並利用這些透鏡磨出的鏡片配製眼鏡了。荷蘭的眼鏡製造商詹森在工作之餘，常常拿著鏡片研究。

有一天，他無意中把桌子上的兩個凸透鏡重疊在一起，沒想到透過重疊的凸透鏡，他看見一隻很大的螞蟻正在桌上爬著。

「哇，天哪，這是什麼？世界上還有這麼大的螞蟻嗎？」他放下鏡片，想抓住這隻特大號螞蟻！可是，這時卻發現桌子上只有一隻正常大小的螞蟻。

詹森又把鏡片貼近螞蟻，啊！螞蟻又變大了！詹森明白了，螞蟻變大的祕密肯定出在自己手中的兩個凸透鏡上。他繼續重疊著凸透鏡東瞧西看，果然，屋子裡所有東西在重疊的凸透鏡下都大了很多倍。

於是，他馬上想到可以用兩個凸透鏡製成某種特殊的、具有放大效果的工具。經過反覆研製，最初的顯微鏡問世了！

詹森的發現首先引起了生物學家的關注，因為顯微鏡可以讓生物學家把微生物以及人體內部看得更清楚。不久，英國生物學家虎克在詹森發明顯微鏡的基礎上，安裝了能夠調節焦距的迴轉裝置，還安裝了便於觀察的堅固架子，這樣顯微鏡能看得更加清晰。

詹森和虎克發明的顯微鏡，將生物學引領到了一個全新的領域。

螞蟻為什麼會變大呢？正是這樣的好奇促使詹森不斷探索，發現了其中的奧祕。

在日常生活中，人們也經常會遇到類似的事情，卻忽視了這種新奇現象背後的價值，沒有深入探索，因此失去了創新的機會，這是讓人非常遺憾的事情。所以，要想做到創新，就應該把這種好奇心堅持到底！

海帶裡的奧祕

在日常的生活裡，往往蘊含著無限的「機遇」，一個關注生活的孩子才能得到生活的「關愛」。如果您的孩子缺乏一顆「敏感」的心，不妨讓他聽聽下面這個故事。

提起味精，大家一定非常熟悉，它可是廚房中最重要的調味品之一，每道菜都少不了它。它是佳餚中的常客，要是沒有它，所有的菜都會變得不那麼好吃了。味精的發明還有一段有趣的故事呢！

那是 1908 年的一天，日本東京帝國大學的池田菊苗教授正在狼吞虎嚥地吃著妻子準備的可口菜餚。

突然，他愣了一下，停止進餐，好奇地問妻子：「今天這碗湯怎麼這麼鮮美？」

他用小湯匙在湯碗中攪動幾下，發現湯裡只不過是海帶和幾片黃瓜，便情不自禁地自言自語：「海帶裡有奧祕！」

此後，池田教授對海帶進行了詳細的分析。經過半年的時間，終於發現海帶含有麩胺酸鈉，並提煉出這種物質，正是它大大提高了菜餚的鮮味，於是便將其命名為「味精」。

池田教授還發明了用小麥等提取味精的方法，不久味精便在全世界風行起來。

創新，來自於對生活的「留心」。故事中的池田教授如果沒有一顆「善於感知」的心，就不可能有「味精」的誕生。可見，關心生活的人，必將得到生活格外的「寵愛」與恩賜。孩子，從今天開始，做一個生活上的有心人吧，只有這樣，才能創造出美好的明天。

艾克曼餵小雞

李珂今年已經國小畢業了。照李珂自己的話講，一切都是馬馬虎虎的。她就討厭自己的弟弟，一天到晚好奇地要命，總是問一些無聊的問題，而媽媽總是有問必答，真是對弟弟太認真了。

一天，李珂的弟弟——「小問號」又跑來找李珂問問題了：「姐姐，為什麼姚明那麼高，我這麼矮呢？」

李珂正在看電視，所以心不在焉地回答道：「姚明是大人，你是小孩，所以你比較矮啊！」

「小問號」對姊姊的回答並不滿意，他繼續追問：「那爸爸也是大人，為什麼爸爸也是那麼矮呢？」

李珂不耐煩了：「因為爺爺比較矮呀！」

「為什麼……」弟弟依然不停地問著，到最後，李珂答不上來了，就對著他吼道：「問什麼問，有什麼好問的，這麼無聊！」

弟弟嚇得哭了起來。

這時候，媽媽走了過來，笑著對李珂和弟弟說：「好了，媽媽跟你們講個故事吧！」

於是，媽媽娓娓道來。

1880 年代，在荷屬東印度（現在的印尼）的爪哇島，爆發了腳氣病，每年死去多達數萬人。為此，荷蘭政府在 1886 年成立了一個專門研究腳氣病的委員會，28 歲的艾克曼自告奮勇加入了這個委員會。

委員會經過兩年的調查、研究，似乎取得了較大的成果：確認腳氣病是一種多發性神經炎，並從腳氣病病人的血液中分離出一種球菌，確認它是引起多發性神經炎的元兇。委員會絕大多數人員班師回國了。可是，艾克曼總覺得腳氣病還沒有徹底弄清楚，例如這個病會不會傳染，要如何防治等，他決定獨自留在那裡，要把這些問題弄個水落石出。

1890 年，艾克曼發現了一個有趣的現象：雞群中突然爆發了一種病，許多小雞精神萎靡、步態不穩，嚴重的甚至死去。經過病理解剖，艾克曼確認這些雞也得了腳氣病。可是，實驗室換了一個餵雞的員工後，病雞慢慢地恢復了健康，雞的腳氣病不治而癒了。

「這是什麼原因呢？如果腳氣病是病菌引起的，為什麼沒有進一步傳染呢？」艾克曼感到非常好奇。

　　為了確認腳氣病是否具有傳染性，艾克曼把從病雞胃中取得的食物，餵給正常雞吃。照理說，如果腳氣病的病源是細菌的話，那麼被餵的雞一定也會得腳氣病，可是結果並非如此。顯然，腳氣病的病源是細菌這個說法是無法成立的。

　　一天，艾克曼偶然聽見幾個患者議論：

　　「原來那個實驗室餵雞的員工好久沒來了。」

　　「是啊！用白米飯餵雞真可惜。」

　　「餵雞？」艾克曼連忙上前打聽這件事的始末。

　　患者告訴艾克曼：「以前那個員工每天都要來醫院拿剩下的白米飯。」

　　艾克曼想：這也許與腳氣病有關。他立即找到那名員工，詢問他原本餵雞的食物是什麼。那個員工以為自已用醫院剩下的白米飯餵雞的事已經暴露，只好低頭承認。艾克曼又找到新換的那個員工，憨厚的新員工告訴他：「我都是用實驗室裡發的飼料餵雞。」

　　「莫非雞的腳氣病與飼料有關？」艾克曼跑了許多監獄，調查結果表明：吃糙米的囚犯中每 1 萬名只有 1 名腳氣病患者。於是他將小雞分成兩組，一組餵白米飯，另一組餵糙米，結果三、四週後，前者得了腳氣病，後者卻安然無恙。他又用糙米餵患有腳氣病的小雞，結果過一段時間，小雞恢復了健康。

　　他讓患有腳氣病的人吃糙米、喝米糠水，結果病人很快就康復了。由此艾克曼斷定糙米的米皮裡含有一種可以防治腳氣病的物質。

　　後來，幾位科學家在艾克曼等人的實驗基礎上，採取了一種獨特的提取方法，從米糠中成功地提取到一種晶體物質。這種物質含氮，為鹼性，屬於胺類，馮克把它稱為「維他命」，這就是艾克曼所說的可以防治腳氣病的物質，現在人們稱它為「維他命 B_1」。

　　講完故事，媽媽微笑地問：「為什麼實驗室換了一個餵雞的員工後，患腳氣病的雞慢慢就能復原了呢？」

　　等姊弟兩回答完了以後，媽媽溫和地看著李珂說：「弟弟比李珂還愛問

為什麼呢！」

李珂聽了，臉紅了，她知道自己不知道的東西太多了，不知道，又不好奇，所以她的學習成績一直都是中等。「唉，我以後可一定要向『小問號』學習啊！」

巧克力為什麼融化了

用微波爐烹飪食物，不僅速度快，節能省電，還可以保持廚房清潔。但你可能想不到，發明微波爐的這個創意，竟然來源於一小塊融化的巧克力。

故事發生在 1964 年，當時在美國的雷氏恩公司有一位叫做伯西·史班賽的工程師。一次，史班賽去參觀實驗室，當他站在一臺新改良的高能量磁控電子管前進行研究時，突然覺得肚子有點餓，想起早上放在上衣口袋中的一塊巧克力還沒吃，就伸手去掏，可是，他發現巧克力不知什麼時候已經融化了。

口袋裡的巧克力為什麼會融化呢？史班賽覺得奇怪極了！跟史班賽一起來的人都認為是實驗室裡太熱，才使巧克力融化的。但是，實驗室裡面的溫度並不高啊，一定是另有原因。史班賽認真地觀察周圍的環境，突然看到正在釋放微波的磁控電子管。

「是不是磁控電子管釋放微波使巧克力融化的？」這個想法頓時閃過他的腦海。

回到家後，史班賽還在思考這個問題，並且開始動手做起了試驗。透過試驗他發現，微波真的具有熱效應，而且微波的熱效應與其他熱源產生的能量完全不一樣。用微波加熱食物，可以使食物的裡外同時受熱，從而更節省能量和時間。根據這個原理，史班賽試著製造出一個可以利用微波烤肉的廚具，最早的微波爐就這樣誕生了。

故事中的史班賽之所以能發現他人不能發現的微波原理，就是因為他比其他人更有旺盛的好奇心。

孩子，在日常生活中，你若能像史班賽那樣，時刻保持著旺盛的好奇

心，那麼你同樣也會得到意想不到的收穫。

茶杯在碟子上滑動

英國著名物理學家、諾貝爾物理學獎獲得者瑞利，從小就對生活中的現象具有相當細緻的觀察能力，並勤於思考，從中發現有價值的東西。

瑞利小的時候，有一天家裡有客人來。母親端茶給客人的時候，手抖了一下，光滑的茶杯在碟子上滑了一下，差點掉到地上，茶水也溢出了一些。瑞利是個懂事的孩子，這一切他都看在眼裡，但是他沒有上前去幫媽媽招待客人。原來，他的注意力全集中在媽媽手中的茶杯和碟子上了，他很好奇，為什麼起初茶杯容易滑動，而在灑過熱茶的碟子上，茶杯就不容易滑動了呢？

「太有趣了！我一定要弄明白這是為什麼！」瑞利來到廚房裡，反覆地用茶杯和碟子試驗起來。他還找來玻璃瓶，放在玻璃板上進行試驗，看看當玻璃板傾斜時玻璃瓶滑動的情況，然後他又在玻璃板上灑水，對比跟沒灑水時有什麼不一樣。

後來，瑞利終於發現，茶杯和碟子表面總有一些油漬，油漬會降低碟子表面的摩擦力，因而容易滑動。當灑上熱茶後，油漬就減少了，茶杯也就不容易滑動了。

瑞利長大後，進一步研究油在摩擦中的作用，提出了用潤滑油降低摩擦力的理論。現在，他的這個理論已經運用到了生活中，只要有機器轉動的地方，幾乎都少不了潤滑油。

生活中的許多細微之處，都蘊涵著普遍的科學道理，只要仔細觀察，用心思考，就能發現這些道理，進而造福人類。

望遠鏡是怎麼發明的

秋天的時候，大雁為什麼排成「一」字形、「人」字形往南飛呢？下雨前，燕子為什麼飛得那麼低呢？這些問題經常困擾著孩子們。這時，家長就應該引導孩子一步步去探索，讓他在滿足好奇心的同時又能收穫成就感。

在科學發展史上，望遠鏡的發明具有重大意義，它極大地擴展了人類的眼界，為人們觀察與了解浩瀚無垠的宇宙提供了必不可少的工具。

說起來，望遠鏡的發明也帶有很大的偶然性，其中有一段生動的故事。

1607 年，在荷蘭的米德爾堡小鎮上，有一個叫漢斯‧李波爾的眼鏡製造商人。

他靠開眼鏡鋪維持生活，日子過得並不富裕。李波爾有三個孩子，經常拿家中的鏡片當玩具。

有一天，三個孩子拿著幾片眼鏡片正玩耍著，其中一個孩子兩隻手各拿著一片眼鏡片站在窗臺上，兩隻手一前一後，使兩隻眼鏡片重疊起來，然後閉上一隻眼睛，好奇地透過兩片眼鏡片望著遠方。

猛然間，他發現遠處的景物被拉到了眼前，看得十分清楚。這一發現，使他十分興奮，並把這一發現告訴了爸爸。李波爾聽了之後，學著孩子的樣子去做，果然看清了遠處的景物。這引起了李波爾的極大興趣。他反覆地查看這兩片眼鏡片，確認它們一片是老花眼鏡片，另一片是近視眼鏡片。他發現當老花眼鏡片在前，近視眼鏡片在後時，只要適當調整兩片眼鏡片之間的遠近，就可以看清不同距離的東西。

根據這個原理，李波爾經過一番研究，製成了一架簡單的望遠鏡。這架望遠鏡只有一個 30 多公分長的筒，裡面裝著一片老花眼鏡片和一片近視眼鏡片，但它卻是世界上第一架望遠鏡。

很多新事物都是在不經意中被人們發現的。因此，別為自己這樣或那樣的好奇而覺得羞愧，有好奇心的孩子，人生才會有希望。

製造神祕

好奇之心人皆有之。身為家長，不僅應激發孩子的好奇心，還要引導他學會利用別人的好奇心辦事。以下的故事就是這樣的範例。

在澳洲南部有一座小城。這裡的人口不足 10 萬，但卻有著深厚的酒文化，所以許多有名的酒類製造商都曾到這裡推銷他們的產品。

有一天，一群客人來到小城最豪華的一家酒館，點了一桌非常精緻的菜餚。老闆粗略估計，這桌菜餚的價錢是 10 個澳洲平民 1 年的花費。酒館老闆想，既然他們訂了這麼昂貴的一桌菜，就一定會點最高級的美酒了，於是吩咐員工搬出各種名酒讓客人們挑選。

令人驚奇的是，那幾位客人只是粗略看了一眼，就問：「有索古爾乾紅嗎？」

酒館老闆頓時一頭霧水 —— 他從來沒有聽說過這種酒！於是，他趕緊和全城各大酒館聯繫，他們都說沒聽過什麼索古爾乾紅。更讓人意想不到的是，那桌客人見沒有找到索古爾乾紅，竟然連那桌已付費的菜餚都不吃了，掃興而去。

這件事一時鬧得全城轟動。人們紛紛猜測，索古爾乾紅究竟是一種什麼樣的酒呢？要知道，客人們點的是一桌全澳洲最昂貴的菜餚啊！就這樣，索古爾乾紅頓時成了家喻戶曉的名字。沒多久，索古爾乾紅在小城中出現了，而它一出現就立即被期盼已久的當地人搶購一空。

有一天，索古爾乾紅的製造商來到了小城。人們驚奇地發現，他們就是那些因為沒有索古爾乾紅而丟棄一桌名貴菜餚的客人。

索古爾乾紅的製造商利用人們的好奇心理，在這座酒城，做了一次成功的推銷廣告，打響了索古爾乾紅的牌子。

這則故事告訴大家，善於捕捉他人的心理，讓他人產生好奇心，並有了想了解的念頭，才能讓一個創意發揮出最大的價值。因此，在日常生活中，應該善於利用別人的好奇心！

給家長的悄悄話

愛因斯坦說過：「要是誰不再有好奇心，也不再有驚訝的感覺，就無異於行屍走肉。」這句話具體形容出了好奇心缺失的嚴重後果。

可是，在現實生活中，就有一些孩子，隨著年齡增長，天真之心漸失，

好奇心不再。這些不再有好奇心的孩子經常把下面這些話掛在嘴邊:「無聊,這有什麼大不了的!」、「真無趣,不知道生活有什麼意義。」、「我不感興趣,你不要強迫我去做。」身為父母,不要把孩子的問題歸咎於孩子自身。事實上,孩子之所以對生活缺乏感知能力,並變得麻木不仁,缺乏動力,跟家長的教育是有很大關係的。

不信,家長不妨回顧一下自己教育孩子的情況,看看自己是否有過挫傷孩子自尊心與好奇心的舉動。

禁止孩子「調皮搗蛋」

當孩子因為好奇,做出一些出乎您意料的舉動時,您是否不分青紅皂白,就開始大聲訓斥孩子:「不行,你不可以這樣做!」、「我的話你怎麼不聽!」之類的話呢?

孩子在成長的過程中,如果總是不斷地聽到大人禁止性的言語,他就會變得缺乏熱情,從而對什麼都失去了興趣。

敷衍孩子

在日常生活中,孩子常會問「鳥兒為什麼會飛」、「魚兒怎麼呆在水裡」之類的問題,而且喜歡追根溯源。然而,一些家長往往會用「我現在忙」、「以後你就會明白了」等敷衍塞責的話來回應孩子,這種漠然的態度恰恰就壓抑了孩子的好奇心。

家長應意識到,好奇是孩子了解世界,實現社會化的起點,如果不予以支持和鼓勵,將會挫傷其積極性。

說嘲笑、挖苦孩子的話

有些家長面對孩子提出的問題可能會不經意地說:「怎麼連這也不懂?」、「某人都知道,你怎麼會不知道。」這種看似無心的話,卻可能傷害到孩子稚嫩的自尊心,讓他因此變得不自信起來。

可以說,孩子之所以變得缺乏好奇心,是後天教育的結果。孩子的心靈

發育一輩子只有一次，每一階段的發育都是無法重複的，好奇心的發育同樣如此。家長應珍惜和滿足孩子的好奇心，不斷提高其好奇心的水準，從而促進他的智力發展和身心健康。

當孩子對世界上的一切事物還是充滿熱情與好奇的時候，家長不但不能漠視他們的好奇心，還應該保護孩子的好奇心，使其對生活、對世界始終保持著特殊的探究欲望，這樣才能進一步培養他們的創新意識，使好奇心發揮重要的作用。

愛迪生小的時候，是個既好奇又好動的孩子。

有一次，到了吃飯的時候，母親不見愛迪生回來，很焦急，便四下尋找，直到傍晚才在院子邊的草棚裡發現了愛迪生。

母親見他一動也不動地趴在放了些雞蛋的草堆裡，非常疑惑地問：「你這是幹什麼？」

愛迪生不慌不忙地回答：「我在孵小雞呀！」

原來，他看到母雞會孵小雞，覺得很奇怪，自己也想試一試。

母親一看便大笑起來，告訴他，人是孵不出小雞來的。

「為什麼母雞能孵小雞，我就不能呢？」愛迪生不解地問道。

直到媽媽耐心地把人之所以不能像母雞一樣孵出小雞的道理告訴了他，他才肯善罷甘休。

愛迪生後來之所以能取得那麼傑出的成就，跟他小時候，媽媽的教育是分不開的。

事實上，好奇心不但能點燃創新的火花，它更可以促進智力的發展。因此，身為家長，要充分珍惜學齡前兒童求知心理的最佳時期，及時地、耐心地回答孩子提出的各種問題。

身為家長，要保護孩子的好奇心，激發他對周圍事物的興趣。並且，在這個過程中，家長不但要耐心地回答孩子的問題，還應該表揚孩子的好奇心與探索精神，即使遇到自己不會的問題，也不能用否定的話語來阻止孩子的

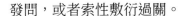

發問，或者索性敷衍過關。

為了保持孩子的好奇心，家長可以說：「這個問題你問得真好，但是媽媽也不能回答，讓我們一起看書來解決這個問題吧。」

家長只有珍視孩子的好奇心，並設法進一步激發這種好奇心，才能讓孩子的想像力始終處於活躍的狀態下。

家長應根據以下幾點建議來培養和保護孩子的好奇心：

1. **抽時間多跟孩子介紹周圍的世界**：父母不管多忙，都應該盡量多抽時間跟孩子介紹周圍的世界。與大人不同的是，孩子對周圍了解得越多，對世界的好奇感就越強烈，這是因為孩子的求知欲很強，並且在掌握一定的知識技能後，就能注意、接觸到更多的新事物，這會大大地激發孩子的好奇心。

    由於孩子喜歡做沒做過的事，嘗試沒玩過的遊戲，並能從中表現出他們的創造力。因此，父母在各種可能的場合，盡量多跟孩子介紹周圍的世界。

    父母在對孩子介紹一些新事物時，注意力要跟隨孩子的視線做一些調整，這是因為年幼的孩子注意力難以長時間集中於同一事物。

2. **充分利用家庭環境激發孩子的好奇心**：在日常生活中，有許多事情可以激發孩子的好奇心。例如，當水燒開的時候，可以問問孩子為什麼水壺裡會發出「嘟嘟」聲；可以讓孩子摸摸不同質地衣服的手感，讓他們比較出不同；電視畫面不清楚時，讓孩子看一看插頭是否有插好，電視盒是否有與電視連接好。

    家庭裡有許多事都是孩子感興趣的，關鍵是抓住機會，讓他從看似平淡的生活中找到感興趣的事物。

3. **多跟孩子講故事**：孩子一般都愛聽故事，不管是老師或父母講故事，還是廣播電臺或電視臺播放故事，他們總是會專心致志地聽。父母多跟孩子講故事，不僅能夠激發他們的好奇心，開闊他們的想像空間，還可以利用故事對他們的吸引來幫助他們學習知識。

4. **利用大自然誘發孩子的好奇心**：父母可以經常有意識地帶孩子到大自然中觀察日月星辰、山川河流，大自然是孩子看不完、看不夠的寶庫。春天，可以帶孩子去觀察小樹以及其他植物的生長情況；夏天，可以帶孩子去爬山、游泳；秋天，可以帶孩子去觀察樹葉的變化；冬天，可以引導孩子去觀察人們衣著的變化，看雪花紛飛的景象。

在日常生活中，父母還可以和孩子一起猜雲朵的形狀會如何變化；聽鳥啼婉轉，猜唱歌的小鳥長什麼樣子等。

除此之外，父母還應該指導他們參加一些實踐活動。例如，讓孩子自己蒐集各種種子，試著讓種子發芽，種花，或養小動物。隨著孩子年齡的增長，可以啟發他們把看到的、聽到的畫出來，並鼓勵他們閱讀有關圖書，學會從書中找答案。這樣，既滿足了孩子了解新事物的好奇心，又增加了他們的知識。

孩子透過參加各種活動，既開闊了眼界，豐富了心靈，又提高了學習興趣，學習能力也在不知不覺中得到了提升。

5. **鼓勵孩子多動手**：在動手的過程中，孩子會不斷有新的發現，他們的好奇心也能得到保持和發展。而且，孩子在動手的過程中，手的動作會在大腦的支配下進行，這也是孩子觀察、注意等能力的綜合運用過程。同時，手的動作又刺激大腦的活動支配能力，並促進觀察、注意等能力的發展。動手不僅可以激發和滿足孩子的好奇心，也是孩子成長發展的基礎，更是開發孩子智力的基礎。

激發孩子的好奇心，這樣的做法是行不通的：

★**孩子因為好奇犯了錯，家長不是做實質性的引導，而是放大孩子的錯誤，讓他們因此變得戰戰兢兢，從此不敢再「胡鬧」**：這種做法會限制孩子好奇心的發展，從而打擊孩子探究事物的積極性。

★**漠視孩子的好奇心，覺得孩子這種做法純屬胡鬧**：孩子因孤身奮戰，得不到激勵與表揚，時間久了，就會變得對周圍事物缺乏興趣。

★**挑剔孩子，總對孩子所做的事情不放心**：孩子會因此變得不太自信，愛

依賴人。

教學加油站

家長的教育原則：

1. 家長要調整心態，不應覺得孩子「好奇」的事物實在是太無聊了，從而制止他們的「天馬行空」、「胡說八道」。

2. 由於孩子的好奇心很強，因此他們的注意力不會太集中。這時，如果家長強制要求孩子一定要做某件事情，而不能做其他的事情，那麼就會遏止孩子的求知欲，從而讓他對周圍事物不再有好奇與興趣。

3. 由於孩子的好奇心通常都不持久，因此家長可以激發他們深入地思考，一步一步地發現「祕密」，以激發孩子探究的興趣，從而保護好他們的好奇心。

第五章　想像激發創新的靈感

想像力是創新的靈感，是人類生生不息的原創力。人類的一切活動都離不開想像，因為豐富的想像，馬可尼發明了無線電，史蒂文生發明了火車，富爾頓發明了輪船……。

每個孩子都有豐富的想像能力，它像一對美麗的翅膀，承載著孩子創造的靈感，飛越高山、飛越海洋，到達成功的彼岸。

關於「畫太陽」的啟示

林峰的兒子亮亮今年上幼稚園中班。這是一個喜歡「異想天開」的孩子，經常做出讓大家費解的舉動。

有一次，老師讓小朋友們畫太陽，所有的小朋友都畫了紅太陽，唯獨亮亮畫了個藍太陽。老師生氣地斥責道：「我不是跟你說過了嗎？太陽應該畫成紅色的，全班小朋友就你最不聽話了！」亮亮聽了老師的話，一聲不吭，倔強的眼裡閃著淚光。

林峰從老師那裡了解到這種情況，問亮亮：「為什麼要把太陽畫成藍色的呢？」

孩子說：「戴上藍色太陽眼鏡的時候，太陽不就是藍色的嗎？」

聽到這句話，林峰沉默了。

無獨有偶，在國外的一個幼稚園裡，也發生過這樣的一幕。

桑尼畫了一個藍太陽。老師問他：「你怎麼把太陽畫成藍色的？」

孩子說：「我畫的是海裡的太陽。」

老師說：「好極了，你太有想像力了。」

兩個不同的孩子的經歷，反映的正是兩個不同國家的教育方式。

在國內，老師規定，太陽就該是紅色的；然而，在國外，他們的孩子可以把太陽畫成紫色、藍色、灰色，甚至是黑色。為什麼國外的老師和家長這麼容忍孩子的「不聽話」呢？原來，他們普遍認為：讓孩子「不聽話」可以保護他的想像力，以及激發他的創造力。而事實也證明，國外孩子的創新能力確實高於國內孩子。

富有想像力的孩子通常有以下特徵：

1. 頑皮、淘氣、愛冒險。
2. 所作所為常常逾越規矩。
3. 處事不固執，較幽默，但難免態度不認真。

4. 對自然和科學現象具有廣泛的興趣。

5. 從小具有一種自發的探索精神和強烈的想像力。

如果您的孩子有以上的特徵，身為家長應該傾注加倍的耐心對他們的行為進行引導，使其想像力往正確方向發展；如果您孩子的思考比較「呆板」，那麼您也不要著急，因為想像力是可以培養的。

小提醒

> 在現實生活中，這樣的孩子往往缺乏想像力：
>
> 1. 對老師、家長的話百依百順，在生活中總是規規矩矩的。
> 2. 難題的解決能力比較低。
> 3. 面對挫折的能力差，遇到一點點困難就會打退堂鼓。
> 4. 不太自信，過分依賴他人。
> 5. 覺得生活很無聊、很枯燥，一般情況下，語言表達能力也比較差。
> 6. 不懂得發現生活之美。
> 7. 過於在乎得失、成敗，不喜歡冒險。
> 8. 不喜歡思考，覺得思考很浪費時間與精力。

從「竹禪和尚畫觀音」談起

在日常生活中，不少孩子都拘泥於「眼前」所看到的事物和長輩教授的知識，從而缺乏想像力和變通能力。然而，想像能力又是創新能力的泉源，一個缺乏想像能力的孩子是不可能懂得創新的。如果您的孩子也受制於「現實」，不妨讓他聽聽下面這則故事。

晚清時，有位高僧法名竹禪，擅長作畫，尤其擅畫佛道人物、花卉、蘭竹。他的畫風格奇特、獨具匠心，深受人們喜愛。竹禪和尚一生四海為家、浪跡天涯，訪遍了名山大川。

有一年，竹禪和尚雲遊北京，被召到宮裡去作畫。那時，宮裡畫家很

多，各有所長。

一天，一名宦官向大家宣布：「這裡有一張5尺的宣紙，慈禧太后要畫一幅9尺高的觀音菩薩像，誰來接旨？」

畫家中無一人敢接，因為5尺宣紙怎麼能畫9尺高的佛像呢？

這時，竹禪想了想，說：「我來接。」

說完，他磨墨展紙，一揮而就。大家一看，無不驚奇嘆絕、心悅誠服，此畫傳到慈禧太后手中，她也連連稱奇。竹禪筆下的觀音菩薩是眾人見慣的形象，他只是畫觀音菩薩彎下腰去撿掉在地上的柳枝，那柳枝是裝在淨瓶中的，妙就妙在觀音菩薩要是站直就正好9尺。

生活中有很多事情，如果按照常規的思路進行思考，就不可能想出絕妙的辦法來。故事中的竹禪和尚之所以能夠畫出普通畫家畫不出來的畫像，靠的就是想像力。一個富有想像力的人，才能突破常規，做到別人做不到的事情。

在日常生活中，家長一定要引導孩子勇於想像，因為只有這樣，他們才能具備創新能力。

備選故事任您挑

愛因斯坦說過：「想像力比知識更重要，因為知識是有限的，而想像力概括了世界上的一切，推動著世界的進步，是知識進化的泉源。」如果您想讓自己的孩子更深刻地體會到「想像」的價值，不妨讓他多聽聽有關想像的故事。

乘著想像的翅膀旅行

王旭在班上的成績相當不錯，但他的寫作能力卻很普通。老師認為，王旭的文字太缺乏新意了。為此，王旭非常苦惱：怎樣才能讓自己的文章變得有新意呢？如果您的孩子也有這樣的「苦惱」，那您可以找個機會跟他講講

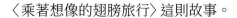
〈乘著想像的翅膀旅行〉這則故事。

愛因斯坦小時候，對物理學十分著迷。

有一次，愛因斯坦在一個小山頭上眯著眼睛向上看，他好奇地想：如果能乘一道光線去旅行，那會是什麼樣子呢？

他想像著自己正在進行一次宇宙旅行，想像力把他帶進了一個神奇的場所，而這個場所卻無法用古典物理學的理論來解釋。

在這種想像的指引下，長大後的愛因斯坦發現了接近光速運動的物體會在空間上縮短和在時間上變慢的效應，並提出了一種新的理論以解釋他的想像——這就是震驚當時世界的廣義相對論。

可以說，沒有想像，就沒有偉大的愛因斯坦。

孩子，想像是雨後的七色彩虹，是春天綻開的花朵，是童年時代最美好的夢。因為想像，我們可以穿越時空，看到未來；因為想像，我們不用跋山涉水就能「看到」幾萬里之外的櫻花與布達拉宮……。

可以說，正是想像，賦予了我們創新的靈感，也才能展望更加美好的未來。

異想天開的「花罐頭」

在日常生活中，經常可以聽到一些家長斥責孩子「別胡思亂想了」、「真是異想天開」等。但是，為什麼連胡思亂想的權利都不給孩子呢？您怎麼知道天就不能開呢？在這裡，您不妨與孩子一起讀讀下面這則故事。

日本有一位叫富田惠子的家庭主婦，有一次她幫一位去歐洲度假的朋友代養了幾盆花。由於缺乏養花的經驗，施肥、澆水不得其法，幾盆花全都被養死了。這件事使她常常思考：如何才能使不會養花的人可以把花養好呢？

有一天，她的頭腦裡突然冒出了一個想法：可以把泥土、花種及肥料裝在一個罐子裡，像食品罐頭那樣，弄出一種「花罐頭」。人們買了這種花罐頭，想養花時，只要打開罐頭，每天澆點水，就能開出各種鮮豔的花朵來。她把這個想法告訴丈夫以後，得到了丈夫的支援。

經過一番研究，這種花罐頭終於被製造出來。這樣養花十分簡便，任何人都會，它很快便成了銷路很好的熱門商品。

所有創新都來自於美好的想像。富田惠子從自己不懂得養花這件事情中，想到其他不會養花的人，所以才有了「花罐頭」的創意。如果沒有想像的激發，她就不可能有這樣的創新。

由此可見，想像是非常重要的，它能讓孩子們變得更有創意。

宋徽宗考畫家

在日常生活中，有很多孩子因為缺乏想像能力，做事循規蹈矩、缺乏創意。並且，在真正遇到問題時，這些孩子往往會手足無措，不知道該如何處理。如果您的孩子也有同樣的缺點，不妨找個機會與孩子一起分享下面這則故事。

宋徽宗趙佶是個擅長花鳥畫的皇帝。想進皇家畫院工作的畫家，都必須經過他親自審核。為了選拔優秀的畫家，宋徽宗下令全國招考，並且親自以古詩出題，如果只會塗鴉兩筆而不擅長構思創意，那是不行的。

有一次，宋徽宗以「深山藏古寺」作為考題，拿到題目的畫家實在捉摸不透：「藏」在山中的寺廟，怎樣才能畫出來呢？他們思索了很長一段時間，只有幾個畫家開始作畫。

有的畫家畫的是在雲霧繚繞的山腰，有一座寺廟隱於深山綠林之中；有的畫家畫出在兩峰夾峙的山谷露出寺廟的一角殿廓……這些畫沒有一幅能讓宋徽宗滿意的。

正在失望之時，又有一位畫家交上了自己的作品。在這位畫家的畫中，既沒有深山寺廟，也沒有出現禪房花木，只見到一個小和尚在山腳的小溪邊挑水，溪水迂回在密林長藤間，一條石徑蜿蜒向上、時隱時現……。

宋徽宗看到這幅畫，不禁拍案叫絕，這幅畫中雖然看不到古寺，但小和尚挑水這一細節卻反映出，深山中一定「藏」著古寺，這樣的作品難道還不夠有創意嗎？這位畫家也因此從眾多畫家中脫穎而出。

這位畫家之所以能夠從眾多畫家中脫穎而出，與他豐富的想像力是分不開的。可是說，一個具備想像力的人才能有創意。

孩子，你希望自己也成為一個具備想像力的人嗎？那麼，請盡情發揮自己的想像，想像身邊走過的每一個人有怎樣的故事，想像眼中看到的世界還隱藏著多少的未知，想像上天入地的神仙有過怎樣的奇遇……只要勤於敲打想像之門，你一定也可以成為一個具備想像力的人。

溜冰鞋的產生

說起創新，有很多孩子可能覺得非常茫然。怎麼創新呢？我每天都只是吃飯、學習、睡覺，這也需要創新嗎？如果您的孩子被一成不變的生活束縛了手腳，不妨幫他鬆綁，用故事給他一些啟發。

英國有個叫吉姆的小職員，成天坐在辦公室裡抄寫東西，經常累得腰酸背痛，他消除疲勞的最好辦法，就是在工作之餘去滑冰。冬季很容易就能在室外找個滑冰的地方，而在其他季節，吉姆就沒有滑冰的機會了。

怎樣才能在其他季節也能像冬季那樣滑冰呢？對滑冰情有獨鍾的吉姆一直在思考這個問題。想來想去，他想到了腳上穿的鞋和能滑行的輪子。

吉姆在腦海裡把這兩樣東西的形象組合在一起，想像出了一種「能滑行的鞋」。經過反覆設計和試驗，他終於研製出一年四季都能用的「溜冰鞋」。

你看，生活並不總是那麼單調，只要有一顆善於想像的心，就能捕捉到一些被人們忽略的細節，從而創造出為己所用的東西。

緊身裙與可口可樂瓶

1923 年的一天上午，美國某玻璃瓶廠工人路透的久別女友來看望他。這天，女友穿著流行的窄裙，實在漂亮極了。這種裙子在膝部附近變窄，突出了人體的線條美。約會後，路透突發奇想：為何不把又沉又重的可口可樂飲料瓶設計成這種窄裙的樣子呢？

於是，路透迅速按照裙子樣式製作了一個瓶子，接著為圖案設計進行了

專利登記，然後將這種瓶子設計帶到可口可樂公司。

可口可樂公司的史密斯經理看了大為讚賞，馬上與路透簽訂了一份合約，約定每生產 12 打瓶子付給路透 5 美分。而這就是可口可樂飲料一直沿用到現在的瓶樣。

目前，這種瓶子的生產數量已經達到 760 億個，路透所得的金額約為 18 億美元之巨。

可口可樂瓶與窄裙原本是不相干的事物，可是經過路透的想像，它們卻能夠連繫起來，並且產生了一個經久不衰的創意。由此可見，想像的作用是不可忽視的。

多用童車的產生

有位兒童商品生產商，偶然看見一位家長一隻手抱孩子，另一隻手吃力地拿著一輛小三輪車。他猜想這是因為孩子騎車騎累了要大人抱，才出現這種情況。

這位生產商想：如果設計一種多用途兒童車，家長們就不用這麼累了。他首先想像出把嬰兒車和三輪車組合起來，即在三輪車的後面加上一個手推握把；後來，他又想到加上一個連接裝置，把兒童車掛在腳踏車上作母子車用；接著他又想到，再加一個搖動部分，便可當搖椅；而要是前面再裝一個把手，還能讓孩子當木馬騎。經過這些不斷地組合想像，他設計出了與眾不同的「多用途兒童車」。

故事中的兒童商品生產商透過組合想像，設計出與眾不同的「多用途兒童車」，不僅解決了家長們的難題，也為自己帶來了利益，真可謂是一舉兩得。這則故事告訴大家，只要善於組合想像，就能對某些東西進行創新，從而組合成新的東西。

米老鼠的誕生

美國的迪士尼曾一度從事美術設計，後來他失業了。原本他和妻子住在一間老鼠橫行的公寓裡，但失業後，因付不起房租，夫妻倆被迫搬出了

公寓。

　　一天，兩人呆坐在公園的長椅上，正當他們一籌莫展時，突然從迪士尼的行李包中鑽出一隻小老鼠。望著老鼠機靈滑稽的面孔，夫妻倆感到非常有趣，心情一下子變得愉快了，一時間他們忘記了煩惱和苦悶。

　　這時，迪士尼頭腦中突然閃過一個念頭。他對妻子驚喜地大聲說道：「好了！我想到好主意了！世界上有很多人像我們一樣窮困潦倒，他們肯定都很苦悶。我要把小老鼠可愛的面孔畫成漫畫，讓千千萬萬的人從小老鼠的形象中得到安慰和愉快。」

　　風行世界的「米老鼠」就這樣誕生了。

　　看完這個故事，大家一定會覺得迪士尼太幸運了，連老鼠都能幫他的忙。實際上，迪士尼之所以能夠創造出「米老鼠」的童話，與他豐富的想像力是息息相關的。因此，對於生活，我們若能隨時留心和保持警覺，同樣能夠獲得創新的靈感。

給家長的悄悄話

　　小蘭是個各方面都非常優秀的孩子，她務實、認真，做事情一絲不苟，讓父母很放心。

　　有一天，小蘭回到家委屈地對媽媽說：「媽媽，這次省裡舉行『兒童繪畫』競賽，老師居然沒有選我，他選了成天只會胡思亂想的宋小文去參賽，說小文的想像力比較豐富。這太不公平了！」

　　小蘭的媽媽了解到這種情況，心裡也很不平靜。但是，當她仔細看了小蘭的繪畫作品後，突然釋懷了。確實，小蘭的繪畫基礎固然很不錯，但由於性格過於呆板，因此畫的畫確實缺少新意。

　　看到這裡，媽媽困惑極了，自己的孩子明明非常聰明，可是為什麼會出現想像力不足的情況呢？到底是什麼原因造成這種情況的呢？教育專家為小蘭的媽媽解開了這個謎底，專家認為造成孩子想像力不足的原因可總結為以

下兩個方面：

第一方面，學校教育的原因：應試教育是孩子缺乏想像力的罪魁禍首。

循規蹈矩，惟「標準答案」是從，極大地影響了孩子探索未來的興趣，使他們變成沒有個性、缺乏想像力和創造力的考試機器。同時，傳統的負面影響也不容低估，鼓勵順從、聽話，不鼓勵獨立見解；鼓勵中庸、隨大流，不鼓勵競爭；鼓勵穩妥、可靠，不鼓勵異想天開……這些也都嚴重束縛了孩子想像力的發展。

第二方面，家長教育的原因：家長專制，不喜歡孩子「不務正業」。

家長是孩子的第一任老師，是孩子成長路上的引路人，但是，很多家長沒有意識到「想像力比知識更重要」。因此，很多家長把醉心於想像的孩子說成不務正業，以為如果有工夫，還不如實實在在地念幾本書。實際上，家長的這些做法，很大程度上遏制了孩子想像力的發展。因此，家長改變自己的教育方式很重要。

由此可見，想像力不是生來就有的，而是在生活的點點滴滴中培養起來的。家長可以從以下幾個方面來培養孩子的想像力：

豐富孩子對表象的認知

表象是想像的基礎材料，誰頭腦中的表象累積多，誰就有更多進行想像的資源。家長平時要指導孩子多觀察、記憶形象具體的東西。去博物館、郊遊、動植物園、參加各種公益活動以及拜訪親友等，都可以記住許多的表象。

為了記得多、記得準、記得牢，可以讓孩子用語言描述，或者家長與孩子互相描述。家長也可以透過讓孩子養成寫日記的好習慣，鼓勵孩子將自己頭腦中的表象再現出來。

用遊戲啟發孩子的想像力

孩子可以在遊戲中模仿成人的多種活動，憑藉想像扮演多種角色和表現多種生活情境，並且他還可以自己動手解決遊戲中遇到的困難和問題。例

如，用積木搭娃娃的床，用杯子當鍋子做飯給娃娃，用圓環當方向盤開車，用紙撕成條狀做麵條等；還能與朋友共同討論分配角色、安排活動。在孩子認真思考這些問題的過程中，遊戲的情節也具體化了，孩子的創造力也隨之得到了發展。

對孩子進行「情景描述」訓練

父母可以經常和孩子做這樣的訓練。例如，父母說：「這是一個下雪天，想想看是什麼樣子？」孩子根據他的想像進行描述；反過來，孩子也可以問父母：「這是一個下雨天，想想看是什麼樣子？」此時，父母應盡量認真細緻地描述一番，從中給孩子一些啟發。

在想像時，孩子的水準會有差別，父母要引導他們講述更加豐富的內容，讓孩子盡情地說出他的想法。即使他的答案很滑稽，甚至不合邏輯，都不要批評，唯有你的傾聽、接納才能引導出更好的答案。

鼓勵孩子編故事

故事作為一種形象的語言藝術，深受孩子們喜愛。孩子們在聽故事的過程中，透過詞語的描繪，聯想到相應的形象與活動。為發展孩子們的創造想像的能力，講故事時，要注意訓練他們續編故事結尾，問「後來又發生了什麼事」、「他怎麼樣了」等，以引導孩子展開想像，從多個角度續編。

德國詩人歌德幼年時，母親經常跟他講故事。但是，每當講到最驚險處就停住了，以後的情節讓歌德自己去想像，而年幼的歌德也為此做過很多設想。有時他先和母親一同談論故事情節，然後再等待著第二天故事情節的「公布」，第二天，母親在講故事前，先讓歌德說一說自己是如何設想的，然後再把故事情節講出來。這樣，歌德的想像力和思考能力得到發展，從而為他以後的文學創作打下了堅實的基礎。

用繪畫啟發孩子的想像力

由於圖像能夠激發孩子的想像力，因此父母應有意識地讓孩子多接觸各

種圖像,並鼓勵孩子試著以此為基礎畫出其他的畫。

繪畫最易誘發兒童的想像力,也是最為兒童所喜歡的一種形象表現形式。雖然孩子的畫技不高,但卻能表達其思考過程。對待兒童的畫,不要只追求畫得多「像」,而應鼓勵他「想」得越多越好。例如,在紙上畫出許多圓,讓孩子按自己的想像添加內容,看圓能「變」成什麼?孩子可能會從單一的一個太陽、一塊餅乾、一顆頭、一朵花、一顆皮球……想到用圓組合出一隻熊貓、一束氣球、一群小雞、一堆鵝卵石、天上的星球等情節。另外,還可播放不同情緒的音樂,讓孩子畫出自己對樂曲的理解。

鼓勵孩子多聯想

聯想就是賦予若干物件之間一種微妙的關係,並從中展開想像而獲得新形象的心理過程。

畢卡索有一輛廢棄的腳踏車。有一天,畢卡索對著這輛破腳踏車凝視了片刻,頭腦中便浮現出一幅構思巧妙的藝術形象。畢卡索把腳踏車的坐墊和車把拆下來,重新拼合在一起,便構成了一個惟妙惟肖的牛頭:坐墊的前部是牛的嘴巴,後部是牛的額頭,車把則是兩隻牛角。經過畢卡索的重新組合,原先破舊的腳踏車就有了新的「生命」。

人們思考問題的時候,往往會把與某個物體相關的一些事物聯想起來,孩子們尤其如此。針對這種情況,家長一定要鼓勵孩子,讓他透過聯想來提高自己的想像力。

培養孩子的觀察能力

透過眼睛得到的信息是孩子累積表象的第一途徑。因此,從孩子小時候起,盡可能地多讓他感知客觀事物,並引導他全面、仔細而且深刻地觀察,以便孩子頭腦中累積大量的真實事物形象。

公園、遊樂場、鄉村等都是擴大孩子觀察範圍的地方,父母要多擴展孩子的活動空間,讓他在優美的自然環境中遊戲、玩耍。例如,帶他們走訪名山大川,看看長河落日、秀山麗水的自然風景;領他們到名勝古蹟、主題公

園中參觀、遊玩等，讓美麗的自然景色和人文景觀陶冶孩子的性情和情操，提高他們的審美能力，啟發孩子靜態的想像思考。

鼓勵孩子想像，家長應注意的問題：

1. **保護和激發寶貴的好奇心**：孩子對周圍的一切事物都充滿了好奇心，懷著一種要發現世界奧祕的願望，去觀察和想像，並且不停地發問。對於孩子因好奇而提出的各種稀奇古怪的問題，家長要耐心解答，即使不懂，也要以溫和的方式對待，做到保護孩子的好奇心，以及對問題窮究到底的態度，從而呵護孩子的想像處於活躍狀態。

2. **引導想像的目的性**：由於想像的目的和方向決定著想像力與實施可能性的正確與否，因此不能讓孩子的想像力停滯在胡思亂想的階段上。在訓練孩子的想像力時，可以採取提出問題、假設場景以及親身參與等方式，因地制宜地結合日常生活環境中的問題，讓他充分發揮想像力的同時，明白想像力與解決問題相結合的重要性。

3. **鼓勵孩子多想、敢想**：勇於別出心裁、與眾不同的孩子，通常會想像力豐富、創造力強，因此家長要多鼓勵孩子敢想、多想，並充分發揮想像力來解決問題。並且，當孩子表現出新穎、獨創的想像時，應當及時發現，及時肯定和鼓勵。例如，下雨了，要怎樣才能既不淋雨，又能平安到家？孩子能想到的辦法越多，說明他的想像力越豐富。這時，家長應該給予充分地肯定與表揚，讓孩子更樂於「想像」。

教學加油站

　　培養孩子的想像力，家長不能做的事情：

1. **代替孩子想像**：例如，有個性格急躁（這也是很多家長的通病）的家長在教孩子畫畫，但孩子磨磨蹭蹭了半天，什麼東西都沒有畫出來。在一旁的家長著急了，就開始幫孩子畫了起來，而孩子則在一邊沒事做了。最後，孩子的創作是完成了，但作者卻是家長。這樣的教育方式，怎麼可能培養出有想像力的孩子？

2. **批評孩子沒有創意**：當著外人的面說孩子「像他爸爸一個樣，死

腦筋！」家長的這種話不但會傷害孩子的自尊，還會把這樣的觀念強加給孩子，讓他覺得自己就是「死腦筋」。

3. **對孩子過多限制**：孩子只要說出跟念書無關的事情，家長就開始責備他不思上進。這會讓孩子誤認為：只有讀書才是好孩子的表現。久而久之，其思考能力與想像力都會下降。

第六章　知識是創新的土壤

牛頓說過：「我比別人看得更遠一點，無非是我站在了巨人的肩膀上。」這句話充分說明了知識的累積與經驗的借鑑對創新的重要意義。

對於孩子來說，深厚廣博的知識是他們創新的土壤。只有在肥沃的知識土壤裡，創新的種子才能開出美麗的花，結出豐碩的果。

家長應該讓孩子從小掌握好基礎知識，構築起自己的知識結構和體系。只有這樣，他才有可能「站在巨人的肩膀上」去探求未知的世界，創造新的輝煌。

讓知識轉化為創新的力量

美國加州州政府做出決定：將本州鋁合金製成的紅色路標一律換為橙色，並對提供經濟實用方法的人給予獎勵。

消息一傳出，大家紛紛出謀劃策，都希望自己的方案能被政府採用。結果，一位工程師用自己發明的一種半透明黃漆，刷在紅色的字上，路標上的字就變成了橙色。由於這樣可以大幅度節省政府開支，因此他獲得了政府的獎勵。

這就是知識的力量。如果這位工程師沒有光學、色彩學等知識，那麼他就不可能有這項發明。由此可見，知識的累積奠定了創新的基礎。如果沒有知識的累積，那麼人們就難以形成正確的觀點，分析問題也會沒有依據，從而難有創新。

知識和經驗的累積是創新的準備。愛因斯坦以相對論聞名於世，但相對論絕非天上掉下來的「餡餅」，它是以廣博的學識為根基，各類知識綜合運用而得來的。如果愛因斯坦沒有數學、物理學等方面的知識，那麼便不可能有相對論的產生。

當然，如果不懂得學以致用，那麼同樣不可能有創新。由此可見，家長不僅應該讓孩子認真學習，掌握一定的知識，還應該要求孩子把學到的知識轉化為創新的動力。

與許多孩子一樣，今年念國三的小凌是個聰明的孩子。由於他思路寬、點子多，因此同學們有什麼問題都會請教他。以下就是小凌利用自己學到的知識來創新的故事。

一個星期天，幾個同學在郊外野炊，需要去借點香油和醋，但他們只帶了一個空瓶子，怎麼辦呢？小凌想了想，主動承擔了任務。

小凌買回來後，大家一瞧，不禁吃了一驚，原來他把香油和醋都裝在同一個瓶子裡了。有些同學埋怨小凌不會辦事：「油和醋裝在一起，怎麼分開啊？」

小凌胸有成竹地說：「別著急，有辦法分開，你看！醋比油的密度大，醋在下面，油在上面，不會混合的。」

負責做菜的小捷說：「要用香油簡單，油在上面容易倒出來，可我現在需要用醋怎麼辦？總不能先把香油用完了再用醋吧？」

小凌微微一笑說：「這很容易！」說完，他用瓶塞把瓶子塞緊，再把瓶子倒過來，瓶下層是醋，上層是油。停了一會兒，他輕輕鬆鬆打開瓶塞，醋就順著瓶塞的縫隙流了出來。

事後，同學們都誇小凌聰明。

小凌之所以能把油和醋巧妙地分離出來，解決了難題，不是因為小凌真的就比其他同學聰明，而是因為他懂得「巧」用知識。如果他不掌握一定的物理知識，或者不懂得將知識應於創新，那麼他就不可能想出這樣的好點子來。因此，家長不僅應該讓孩子學知識，還應該讓他用知識，學以致用才是「創新」的關鍵。

那麼應該如何讓孩子學會將知識轉化為力量，並應用到生活中的呢？

★鼓勵孩子多動腦。當孩子遇到問題時，家長不是替孩子去解決，而是讓他結合自己學過的知識，自己動手解決問題。如果孩子依然沒有辦法做到，這時家長應該在旁邊引導他們，讓他們慢慢完成。

★如果孩子學到了一個新知識，就應該引導他用一用，檢驗一下自己學到的知識是否有錯誤，以及自己有沒有辦法創新。

★當孩子想出一個好點子的時候，家長應鼓勵他，讓他感受到父母的關愛與支持，從而更加努力。

小提醒

如何知道自己的孩子是否懂得學以致用？

1. 當學到一個新理論時，您的孩子會自己回家試驗求證嗎？
2. 當遇到一個問題時，您的孩子是否會在一些新的設想上花時間，即使可能會毫無收穫？

3. 當作一道難題時，您的孩子會透過各種方法求解，即使最後仍然解答不出來，但他始終熱衷於此。

如果您的孩子有以上這些的習慣，那就說明他能夠做到學以致用。這樣的孩子，創新能力一般都比較強，能很好地把自己學過的知識應用到生活當中。如果孩子並沒有以上這些習慣，那麼家長一定要加以引導，讓他明白：知識只有被應用，才能產生力量。

講個「西洋棋手打敗機器人」的故事

小若飛一天到晚打電動、上網、溜冰，有時候甚至連老師布置的作業都不完成。當爸爸媽媽責罵他時，他還振振有詞地說道：「我的志向是當一名科學家，身為科學家是需要創新靈感的。我不玩，哪裡有什麼創新的靈感呢？」

為此，小若飛的父母非常苦惱，不知道應該如何來引導他。小若飛的姑姑得知這種情況後，便特地跟他講了下面這則故事。

1984 年，在菲律賓舉行西洋棋世界冠軍賽。意外的是，英國一家電子公司為了展現其電腦系列產品的實力，居然徵得比賽組織委員會的同意，由電腦遙控的機器人擺擂臺，與棋手們對弈。

這一招，確實嚇倒了一些棋手。當然，也有三名特級棋手因為不服氣而接受了挑戰，卻都被「機器人棋手」打敗了。

在觀戰的棋手中，有位女棋手是一個細心、機智、善於動腦的人，她全神貫注地觀看了這三場激戰全程後，有所領悟。於是，她便從容上臺對陣。

按規定，女棋手先下了第一手，裁判按下按鈕，機器人得到指令，透過運算分析，很快地找到了最佳方案，在「吱吱」聲中，螢幕上顯示了它的應對。接連幾步，機器人反應都極為靈敏，且運籌合理、無懈可擊，可是，女棋手卻擺出了一副胸有成竹的樣子，主動出擊。又走了幾步後，機器人變得無所適從，嗡嗡亂叫起來，僅僅花了 6 分鐘，機器人一方的國王在螢幕上直

打轉，隨之便顯示出了英語的「投降」。這時，全場轟動，公司代表也目瞪口呆。

那名女棋手是怎樣打敗機器人的呢？她對機器人的相關知識很熟悉，她知道雖然機器人每秒鐘可運算上百萬次，但那不過是按照最佳對局棋譜機械地下棋罷了。若一反常態，不按一般的棋譜下棋，就可以打亂它的陣腳，於是，她摒棄了一般棋譜的規律，反其道而行，打亂了電腦程式，從而打敗了機器人。也就是說她之所以能創新，是由於她既具備了下棋的知識，又具備了電腦的知識，最終才能打敗機器人。

聽完故事，小若飛並沒有什麼特殊反應，他撇了撇嘴說：「如果是我的話，我說不定也能打敗機器人呢？」

「哦？」姑姑瞪大了眼睛問：「為什麼說，你也可能打敗機器人啊？」

小若飛支支吾吾道：「因為我也會玩電腦，所以我也能打敗機器人。」

姑姑意味深長地說：「打敗機器人不是像你玩遊戲那麼簡單，如果沒有了解一定的有關機器人的知識，那個棋手同樣不可能打敗機器人，所以，了解相關的知識是關鍵。然而，要想了解相關的知識，就應該學習，只有學習到更多知識，我們才能更好地創新，你說是不是？」

姑姑頓了頓，又說道：「你說你想當科學家，那你見過一個成天只會玩，卻一問三不知的科學家嗎？」

小若飛聽了姑姑的一席話，心服口服地說：「我今天算是被妳說服了，我一定會好好學習知識，因為沒有知識的人是永遠當不了科學家的！」

姑姑聽後，欣慰地笑了。而躲在門後偷聽的媽媽，則放下了心中的一塊大石頭。

據說，小若飛從此之後像變了一個人似的，懂事多了，學習也很用心。他現在的人生目標是：做一個知識淵博的創造者！

孩子，小若飛的改變給你帶來了什麼樣的啟發呢？

備選故事任您挑

「知識就是力量」這句話耳熟能詳。但是，如何才能把知識轉化為力量呢？一個不善於利用知識的孩子，只能空有力量而無「縛雞」的作為。因此，不但要讓孩子學習知識，還要讓孩子學會運用知識，做到「學以致用」，使「知識」真正發揮其應有的效用。透過已有的知識進行創新，就是學以致用的方法之一。

懷炳和尚撈鐵牛

在日常生活中，有很多孩子不失聰明伶俐，但他們的聰明卻沒有發揮到重點上。在遇到問題時，這些聰明就不見了，一副手足無措的樣子。這讓很多家長不解，為何自己的孩子就不能像別的孩子那樣總是有一些好點子呢？

實際上，孩子之所以不能很好地解決問題，跟他缺少相應的知識與經驗有很大的關係。如果您家也有這麼一個聰明，但好點子不多的孩子，您不妨找個機會跟他講個「懷炳和尚撈鐵牛」的故事。

宋朝時，有一次，黃河發大水，沖斷了河中的一座浮橋，並且黃河兩岸用來拴住浮橋的八隻大鐵牛也被大水沖走了，陷在河底的淤泥裡。

洪水退了，浮橋得重修。可是，陷在河底的鐵牛，卻沒人能把它們撈起來。正當人們議論紛紛時，一個叫懷炳的和尚說：「讓我來試試吧。鐵牛是被水沖走的，我叫水把它們送回來。」

懷炳先請水性好的人潛到水底，弄清楚八隻鐵牛的位置，然後，請人準備了兩艘很大的木船，船艙裡裝滿泥沙，划到鐵牛沉沒的地方。船停穩了之後，他叫人把兩艘船並排拴得緊緊的，用結實的木材搭個架子，橫跨在兩艘船上，又請水性好的人帶了很粗的繩子潛到水底，把繩子的一頭牢牢地拴住鐵牛，另一頭綁在兩艘大船之間的架子上。

準備工作做好了。懷炳請水手們一起動手，把船上的泥沙都鏟到黃河裡去，船上的泥沙慢慢減少，船身慢慢向上浮，拴住鐵牛的繩子越繃越緊。船

靠著水的浮力，把鐵牛從淤泥裡一點一點向上拔。

　　船上的泥沙鏟光了，鐵牛也離開了河底。懷炳不急著把鐵牛撈上船，而是讓水手們用力把船划到岸邊，再讓許多人一起用力，把水裡的鐵牛拖上岸。

　　懷炳用這樣的辦法，把八隻笨重的鐵牛，一隻一隻地拖了回來。

　　懷炳想出了他人想不出的辦法撈起河底淤泥中的鐵牛，是因為他真的就比其他的人聰明嗎？答案自然是「否」。

　　因為每個人的智商都差不了多少，懷炳之所以能想到別人想不到的好方法，是因為他擁有「浮力」方面的知識，而其他的人卻沒有相關的知識。懷炳將自己懂得的知識學以致用，從而解決了難題。

　　在日常生活中，如果我們也能做到勤於儲備知識，並懂得把學到的知識運用到生活中，那麼我們同樣能夠解決很多他人解決不了的問題，從而成為眾人心中有「創新思考」的孩子。

點石成金

　　有一天早上，法國化學家莫瓦桑像往常一樣來到實驗室，做實驗前的準備工作。忽然，他發現一個鑲有鑽石的器具不見了，實驗室的門鎖很明顯被人撬開過，肯定是小偷看上了器具上昂貴的鑽石，把器具偷走了。

　　這樁意外使莫瓦桑萌生了製造人造鑽石的念頭，可是莫瓦桑心裡很清楚「點石成金」不過是美好的神話，要想製造鑽石，首先要弄清楚鑽石的主要成分，並了解它是怎麼形成的。

　　翻閱了許多資料後，莫瓦桑了解到，鑽石的主要成分是碳，至於它是如何形成的，確實一無所知。

　　有一回，有機化學家和礦物學家查爾斯·弗里德爾做了一個關於隕石研究的報告，莫瓦桑也參加了。在報告中，查爾斯·弗里德爾說：「隕石實際上是大鐵塊，它裡面含有極多的鑽石晶體。」

　　莫瓦桑想，鑽石的主要成分是碳，隕石裡含有大量鑽石，而隕石的主要

成分是鐵。如果把鐵熔化，加進碳，使碳處在高溫高壓狀態下，會不會生成鑽石呢？

歷史上第一次人造鑽石的實驗開始了。

第一次失敗了，認真總結經驗，找出問題的癥結所在。第二次再失敗……經過無數次的反覆探索。一天，莫瓦桑的實驗室裡爆發出一陣激動的歡呼聲，人造鑽石誕生了。

創新不僅是靈機一動的結果，很多時候它與長期的知識累積是分不開的。例如，要想製作人造鑽石，不僅要了解鑽石的主要成分，還要知道鑽石的形成過程，只有具備了相關的知識，才能把製作人造鑽石的夢想轉變為可能。

由此可見，在孩子的成長過程中，如果他們能夠認真學習、刻苦鑽研，儲備更多的知識，才有可能擁有更多的突破與創新。

課堂上的發現

四百多年前，著名科學家伽利略在威尼斯的一所大學裡教書。

有一天，一位醫生朋友問伽利略能不能發明一個能測量病人體溫的器具，伽利略答應試一試。可是，伽利略花了很長的時間來研究，效果卻總是不盡如人意。

一天，在實驗課上，伽利略問學生：「我們用罐子燒水，水開了以後，為什麼會溢出來呢？」

「根據熱脹冷縮的原理，當水的溫度達到沸點時，它的體積就會增大，水面也就會上升；相反，如果水冷卻了，它的體積就會縮小，水面也就會下降。」一個學生做出了正確的回答。

聽到這裡，伽利略忽然想到了自己正在做的研究。他想：如果液體和氣體的溫度發生變化，其體積就會隨之改變，那麼透過液體和氣體的體積變化不就能測出溫度的變化嗎？他高興極了，顧不得自己還在上課，馬上返回實驗室做起實驗來。

1593 年，伽利略終於成功研製出了世界上第一支空氣溫度計。這種溫度計是用一根細長的玻璃管製成的，管壁上標有刻度，它的一端製成空心圓球形，另一端開口。

使用時，先在管內裝進一些有顏色的水，再將開口這一端倒插入裝了水的容器中。這樣，當外界溫度變化時，就能看出玻璃球內氣體的體積隨之變化。

後來，伽利略的朋友在這種溫度計的基礎上研製出了體溫計。

正是知道液體和氣體受熱後體積會膨脹的原理，伽利略才能發明世界上第一支溫度計。

由此可見，只有懂得將自己所擁有的知識靈活地運用到實際生活中，知識才會變得有用起來。

一杯啤酒點燃一個火花

在物理學領域，有一個非常重要的實驗工具，它就是氣泡室。它的發明者是美國物理學家格拉澤。提到氣泡室的發明，格拉澤常常會說，是一杯啤酒帶給自己的靈感。

那是在 1953 年，格拉澤已經開始了對物理學的研究工作。和很多人一樣，他平時也喜歡喝些啤酒來放鬆身心。

有一天，格拉澤看見新打開的啤酒中冒出了大量的氣泡，然後慢慢減少。他搖搖杯子，氣泡又出現了一些。看著這些小氣泡，格拉澤的心中似乎有所觸動。然後，他隨手將幾粒米扔進啤酒裡，當這些米粒下沉時，在它們下沉的路線周圍又產生了新的氣泡，而這些氣泡很清晰地顯示出米粒在啤酒中下沉的路徑。

格拉澤知道，啤酒裡含有一定的碳酸，而這些氣泡就是碳酸所揮發的二氧化碳氣體。由於密封的啤酒瓶中有很大的壓力，所以其內部的碳酸不會揮發。但是，當啤酒瓶被打開時，壓力減小，二氧化碳就以氣泡的形式湧了出來。並且，剛冒完氣泡的啤酒還處於不穩定的狀態，遇到固體顆粒的擾動，

就會繼續產生氣泡，然而，這些氣泡會沿著固體顆粒的路徑分布開來。

這一現象就像黑夜裡的火花，一下子點燃了格拉澤的靈感。他立即回到實驗室，把自己的發現應用到探測帶電粒子的研究中。很快，格拉澤就發明出了氣泡室。

氣泡室是一種耐高壓容器，裡面裝有液態氫、氦、丙烷、戊烷等透明液體。一旦有粒子進入氣泡室，科學家就可以透過它產生的氣泡來觀察粒子的運動軌跡，從而推算出它的屬性和種類。可以說，氣泡室在粒子物理學研究中產生了重要的作用。

事實上，創新的靈感並不會憑空而降，它是建立在深厚的知識之上的。故事中的格拉澤如果沒有一定的物理學知識，他便不能因此而聯想到自己的物理實驗，從而發明出「氣泡室」這一個實驗工具。

孩子，如果你也希望在自己的生活中捕獲到一些創新的靈感，那麼就從現在開始就認真地累積知識。

把冰窖搬回家

對現代家庭來說，冰箱是必不可少的。有了它，才能在炎熱的夏季保持食品新鮮，也才能做出各種清涼的飲料。

古時候，有錢人家請人從高山上或結冰的江河湖泊把封凍的冰塊取來，儲存在地窖裡，作為食物保鮮之用；過去，也有一種把新鮮肉類或水果吊在深水井裡，利用水井中的低溫來延長保存時間的方法。但是，這些方法都比較麻煩，不便於家庭使用。

19 世紀中期，在澳洲工作的蘇格蘭人約翰・哈里森發現：當他用醚來清洗金屬印刷鉛字的時候，周圍的空氣會逐漸變冷。這個發現引起了哈里森的的興趣，他反覆試驗後明白，這是由液體蒸發時吸收熱量造成的。於是，他想：能不能利用這個原理製造出一個可以製冷的櫃子或機器呢？

想到這裡，哈里森馬上找來一些技工，請他們按照自己的設想製造一個機器模型。果然，不久後的一天晚上，這個機器裡真的產生了一些冰，技工

們開心地拿著它，跳進一輛馬車，飛速駛向哈里森的家，向他展示所取得的成功。哈里森非常興奮，在接下來的時間裡，他和助手進行了無數次緊張的試驗，終於在 1862 年生產出了第一批冰箱，主要用在運送貨物時貨物的保鮮。後來，哈里森還在維多利亞的一家啤酒廠裡設置了世界上第一個製冷室。

1879 年，在約翰‧哈里森的發明基礎上，德國工程師卡爾‧馮‧林德製造出了第一臺家用冰箱。1923 年，瑞典工程師布萊頓和孟德斯製成了世界上第一臺電動冰箱。從此，冰箱開始風靡全球，走進千家萬戶，為人們的生活帶來了巨大的改變。

很多人都知道液體蒸發會吸收熱量，但是哈里森把這個知識和現實需求結合起來，從而發明了冰箱。這個故事告訴了大家，當掌握了某種知識時，一定要想一想，周圍有哪些問題可以用這種知識進行解決和改進。也許，在不經意間，你也能創造出新的事物。

不易碎的玻璃

1920 年的一天晚上，法國化學家班尼迪克特斯在報紙上看到了一則關於車禍的新聞。新聞說車上有兩名乘客被碎玻璃刺死，還有一名乘客被碎玻璃割傷。

看完這則新聞，班尼迪克特斯想起了 17 年前的一件事：那天，他像往常一樣清理實驗藥品架。就在他擦桌子的時候，一不小心，只聽「啪」的一聲，一瓶藥掉到了地上。班尼迪克特斯生怕藥液會流出來，連忙彎下腰撿起藥瓶，可奇怪的是，這個藥瓶布滿了裂紋，但卻沒有摔碎。

「真是不可思議。」班尼迪克特斯覺得很費解，但當時他正在做一個重要的實驗，沒有精力去探究其中的原因，於是就把藥瓶放在一個角落裡。

班尼迪克特斯覺得，如果找出那個藥瓶沒有被摔碎的原因，也許對製造汽車門窗的玻璃有好處。在燈光下，他仔細檢查著藥瓶，很快就找到了答案。原來，這個藥瓶曾經被用來盛放乙醚溶液，時間一長，乙醚會揮發，它留下的硝化纖維就形成了膠膜。這層膠膜緊緊地黏附在藥瓶玻璃上，於是瓶

子就不會摔成碎片了。

班尼迪克特斯馬上想到：「如果在兩層玻璃之間夾一層透明的硝化纖維薄膜，不就可以製成不會碎成片的玻璃了嗎？」接著，他立即準備材料，著手夾層玻璃的研製工作。

經過兩年的努力，利用硝化纖維薄膜做成的夾層玻璃終於研製成功了。它很快便被投入大量生產，廣泛地應用在汽車、飛機、輪船等交通工具上。

孩子，成功的機會總是青睞於那些有準備的人。如果你沒有做好充分的準備，即便有再好的機遇，也會從你的身邊溜走。

博學的羅蒙諾索夫

要想獲得豐富的知識，還應該付出辛勤的汗水，禁得起生活中的誘惑與磨難。如果希望自己的孩子今後能成為一個博學多才的人，不妨跟他講講羅蒙諾索夫兒時的故事。

羅蒙諾索夫是俄國著名的學者、詩人以及唯物主義哲學和自然科學的奠基者。

羅蒙諾索夫從小就喜愛讀書。有一次，他跟著他父親到一個朋友家去作客，到了朋友家後，他被主人桌上的一本書吸引住了，這正是他尋求了許久的《算術》。他顧不得禮儀，冒昧地問道：「你們能把這本書給我嗎？想要用什麼來交換，我都不在乎。」

主人的一個兒子提出要一隻活海象，羅蒙諾索夫為了得到這本書，便在海上整整苦幹了 4 天，捕回了一隻活海象。

可是，沒過幾天，海象死了，主人家的另外兩個兒子又提出了新的條件：「你敢到巫師的墳上過夜嗎？如果敢，我們就把這本書給你。」

巫師墳埋著一個死了多年的巫師，據說每天深夜他都會從墳裡走出來，附近的大人、小孩晚上都不敢到那裡去。但是，羅蒙諾索夫卻淡淡地說：「就這樣吧，一言為定。」於是，羅蒙諾索夫在巫師的墳地裡待了一整夜。最後，他終於換回了那本書。

羅蒙諾索夫不僅是俄國自然科學之父，在物理學、化學等方面有很高的成就，同時他在知識論以及文化、教育等方面也有很大的貢獻。

羅蒙諾索夫是一個善於創新的人，而他的創新正是他喜愛讀書的結果，也正是廣泛的閱讀為他打下了堅實的知識基礎。

給家長的悄悄話

知識是創新思考的基礎，是一切創新與創造之源。創新思考的培養離不開學習，而學習則是累積和擴展知識的基本途徑。那麼，家長應該如何引導孩子進行有效的學習與創新呢？

首先，家長應該培養孩子的學習興趣和求知欲望。孩子一旦有了興趣和求知欲，就能對感興趣的事物進行積極的探索和研究，也就能主動愉快地去學習。所以說，興趣是孩子最好的老師，是他們探究新事物的動力，也是推動他們學習新知識和從事實踐活動的一種精神力量。

對於孩子，不要只是讓他們去做自己感興趣的事情，而是要努力去培養他們對應該做的事情感興趣。家長應該讓孩子掌握好自己的興趣，而不是讓興趣控制自己。

對孩子學習興趣的培養，應著重於以下幾個方面：

1. **家長要言傳身教**：家長的興趣對孩子有著潛移默化的影響，那些音樂世家、書香門第等就是這樣產生的。

   如果家長要培養孩子的學習興趣，就得先把知識的魅力展示給他們，隨著孩子的年齡增長，還要在讀完書後進行思想引導，例如「知識可以為我們打開一扇窗戶，發現另一個美麗的世界。」「世界上誰的力量最大？有智慧的人，有智慧的人是無法戰勝的。那智慧從哪裡來？從書裡。」「將來我們都會變老，無論長得美、醜，老了大家都差不多，不同的是什麼呢？用一生累積智慧財富的人，也就是一生都在學習的人，即使老了，也是美的。」

在這樣的思想引導之下，孩子自然就會喜愛學習了。

2. **讓書籍成為孩子生活的一部分**：讓孩子的生活離不開書，是培養孩子讀書興趣的有效途徑。

   ✧ **讓孩子及早接觸文字**：平時不妨將食品包裝上的文字指給孩子看，然後大聲唸給他聽，讓他逐漸了解這些文字、符號的意思。除此之外，將報紙上的大標題唸給孩子聽，或者將外面看板上的內容指給孩子看，這些都是讓他及早熟悉文字的好方法。

   ✧ **每天唸書給孩子聽**：不論孩子多大，他都可以和家長一起享受讀書的樂趣。幾個月大的孩子雖然還聽不懂家長唸的是什麼，可是他能從家長柔和的讀書聲裡體會到讀書帶來的快樂。孩子上國小以後，雖然可以自己讀書了，但是如果每天仍能有一段時間和家長一起讀書，這種溫馨的感覺對他來講還是很難忘的。

   ✧ **不限制閱讀內容**：閱讀不僅限於讀教科書，鼓勵孩子從小讀「雜」。不但要讀故事性強的童話和小說，還要讀歷史、地理、天文、社會以及與自然科學相關的書籍。一個人小時候書讀得越雜，其日後的知識面就會越廣。

3. **發現孩子的興趣點**：要培養孩子的廣泛興趣，就要先鼓勵他接觸多方面的事物，從而獲得「廣博的知識」；然後，在廣博的知識基礎上，注意發現孩子的特殊愛好，使其在某一方面有所專長；當孩子做出選擇後，要鼓勵他保持恆心，不要讓他半途而廢、一事無成。

   如果孩子對讀書並無興趣，可以試著以他的其他興趣為橋梁，把他的興趣引向讀書。例如，讓他看一些與其愛好相關的書籍。

4. **家長要因材施教**：根據教育心理學家的建議，對不同智商的孩子，興趣培養也應不同。對智商普通的孩子，不宜提出過高的要求，應隨時注意並盡力幫助其克服畏難情緒，增強自信心，並養成迎難而上的習慣；對智商較高的孩子，應適當增加其學習的難度與強度，經常肯定與鼓勵他所取得的進步，並激發他向更高臺階邁進的濃厚興趣；對智商較低的孩

子，要提出符合實際的要求，利用他的好勝心，發掘他對某一學科的「興奮點」，並以此作為突破口，使其學習成績接近或超過智商較高的同學。

其次，要讓孩子科學地轉換目標，在自己的最佳才能上實現突破和創新。由於人的精力和可供高效利用的時間是有限的，因此必須根據自己的知識結構、學習特長及最佳才能，擬定符合自身發展需求的最佳學習目標，一旦發現自己原來所選擇的目標與自己的最佳才能、發展特長不符合，就應盡快轉換目標，不應固執地在「原地踏步」。

第三，鼓勵孩子脈絡化和運用知識，並克服知識活力不足的障礙。學習的目的在於創新，即創造性運用，而不只是為了把知識「記住」。因此，家長應該引導孩子，在鑽研某一學科時，如果相關的書讀得很熟，但解決問題或運用於創新實踐時，卻感到知識不足或缺乏活力，這就需要帶著問題重新整理、脈絡化所學的知識，或者運用拓展思考原理，補充相關學科知識和了解相關資訊，以運用所學知識。

第四，讓孩子學會調節身心，創造心智的最佳狀態。在學習中，當感到大腦疲勞、思考呆滯、效率不高時，要及時把大腦從「學習頻道」轉換到「休息、娛樂頻道」上，以各種輕鬆愉快的方式調劑身心。例如，聽一聽自己喜歡的歌曲，翻一翻影視海報，看一看室外風景，到公園裡散步或進行適當的體育活動等，以使大腦在輕鬆的「頻道轉換」中得到休息和調整。

第五，讓孩子學會接力創新，克服方法障礙。學習的最高境界是超越前人、接力創新，而不是單純模仿、複製再造，其實質就是要「青出於藍而勝於藍」。接力創新之前，要在博採眾家之長的基礎上，先掌握前人學習方法的先進之處，繼而分析自身的不足之處；然後，根據自己掌握的知識，不斷探索更先進、更科學的創新方法；最後，用靈活的接力方法和充滿活力的創新思考，來突破學習中的方法障礙。

在孩子學習的過程中，這樣的做法是行不通的：

1. 不斷安排孩子做這樣或那樣的任務，讓他成天像陀螺一樣旋轉，而沒

有任何自己的時間。這樣會導致孩子身心俱疲、無心向學，更不用說創新了。

2. 家長一味包辦孩子的事情，不給他一點做事的機會。這樣會導致孩子的身體與大腦皆處於懶惰狀態。

3. 只讓孩子學習課堂上的東西，不斷地買參考書給他，打題海戰術，認為成績才是關鍵。這樣，孩子的分數可能是提上去了，可是思考的變通能力卻降下來了。

教學加油站

在孩子學習與利用知識創新的過程中，家長應該注意到的問題：

1. 別打擊孩子。有些家長習慣於打擊孩子，例如，孩子把學校的一些小手工帶回家做，把家裡弄得亂七八糟的。這時，家長一生氣就開始斥責：「你這破東西弄得到處都是，難不成你還能成為科學家？就你這樣子也能嗎？」孩子原本是滿心熱忱，聽家長這樣的諷刺，他們哪還會有什麼心情去繼續自己的「工作」呢？

2. 多給孩子鼓勵與支持，讓他覺得自己「真的行」。

3. 多給孩子一些自由的時間、空間，讓他們利用起來，做自己想做的事情。

4. 讓孩子多參與到大人的難題中。當家長遇到問題時，可以讓孩子幫助出謀劃策，讓他覺得自己受到重視，從而激發他們動腦的積極性。

第七章　張開聯想的翅膀

每個人在兒時都曾有過這樣的經歷：每當把手中的萬花筒轉動一下，或者放進一塊小玻璃，萬花筒裡就會出現一幅新的景象。

創新思考就像是一個萬花筒，每當進行新的聯想時，就像把萬花筒轉動了一下，或者放進了一塊小玻璃，於是，一個美妙的新設想便從這個萬花筒裡迸發出來。

如果您希望自己的孩子具備創新能力，那麼不妨送他一個萬花筒，讓他從中聯想到更多美妙的景象。

缺乏聯想就不會有創新

有人說，聯想是打開記憶之門的鑰匙。人腦中都儲存著大量的資訊，它原本可以綽綽有餘地應付各式各樣的問題，但隨著時間的推移，這些資訊會漸漸地被人淡忘，在頭腦中變得模糊雜亂、支離破碎，甚至回憶不起來，從而使人很難利用。聯想能使人們挖掘出記憶深處的各種資訊，並把它們之間的連繫在頭腦中再現出來。

例如，有一名學生走路時，一不小心踩到了別人的腳，於是他抬起頭，準備向那個人道歉。這時，他發現對方的臉上長了一個很大的瘤，於是他聯想到了奶奶家裡的葫蘆架，想起了奶奶煮的湯……就這樣，聯想成了一把打開記憶大門的鑰匙，過去的歲月歷歷在目。這時，這名學生有一股想回老家看看奶奶的衝動。

聯想不僅是打開記憶之門的鑰匙，它還是解決問題的思考方法。透過聯想，人們可以在頭腦中將一種事物的形象與另一種事物的形象連繫起來，探索它們之間共同或類似的規律，從而解決自己所遇到的問題。

客觀世界是複雜的，是由形形色色的事物構成的，而不同事物之間又存在著各式各樣的差異和區別。正是由於這些差異，才使整個世界變得豐富多彩，同樣，也正是因為這些差異，才使得人們難以將它們連繫到一起。事實證明，兩個事物之間的差異越大，將它們聯想到一起就越困難，而一旦將兩種看似不相干的事物連繫起來，往往就能做出創新。

例如，人有記憶力，那麼金屬是否也有記憶力？回答是肯定的，科學家們經過研究發現，有一類合金不僅能像人一樣具有「記憶力」，而且它們的「記性」好的驚人，哪怕改變 500 萬次，仍能在一定條件下百分百恢復原狀。

蘇聯心理學家哥洛萬斯和斯塔林茨曾經用實驗證明，任何兩個概念性詞語都可以經過 4、5 個步驟連繫起來。例如，高山和鏡子是兩個風馬牛不相及的概念，但聯想思考可以使它們之間發生連繫，即高山－平地，平地－平面，平面－鏡面，鏡面－鏡子；再例如，天空和茶，即天空－土地，土地－

水，水－喝，喝－茶。假如每個詞語都可以與 10 個詞直接發生連繫，那麼第一步就有 10 次聯想的機會，第二步就有 100 次機會，第三步就有 1,000 次，第四步就有 10,000，而第五步就有 1,000,000 次機會。

因此，聯想思考有著廣泛的基礎，它為人們提供了無限廣闊的天地。一個人如果不會運用聯想思考，學一點就只知道一點，那麼他的知識會是零碎的、孤立的，並且也派不上什麼用場；如果善於運用聯想思考，就會由此及彼擴展開來，做到舉一反三、聞一知十、觸類旁通，從而使思考跳出現有的圈子，突破慣性思維，獲得創新的構思。

例如，在最早研製潛水艇時，其潛行速度是很難提高的，由此人們聯想到了游得極快的海豚，究竟是什麼原因使牠有那麼快的游泳速度呢？經研究發現，關鍵之一就在其皮膚的雙層管狀特殊結構。於是，人們便將雙層管狀結構移植到潛水艇上，果然大大提高了潛水艇的潛行速度。

再例如，生物學家都知道，響尾蛇的視力很差，幾十公分近的東西都看不清，但是在黑夜裡卻能準確地捕獲十幾公尺遠的田鼠，祕密就在牠的眼睛和鼻子之間的頰窩。這個部位是一個生物紅外線感應器，它能感受到遠處動物發出的微弱紅外線，從而實現「熱定位」。導彈專家由此產生聯想，若用電子元件製造出一個與響尾蛇的生物紅外線感應器類似的「電子紅外線感應器」，用於感應飛機因發動機運轉發熱而輻射出的紅外線，從而透過這種「熱定位」來實現對目標的自動跟蹤。

正因為聯想在創新的過程中有著如此重要的作用，所以家長不僅要保護孩子的想像力，更應該引導、啟發他經常對不同事物進行聯想。只有這樣，才能最大限度地激發孩子的創新思考。

小提醒

善於聯想的孩子有哪些特徵？

1. 善於聯想的孩子想像力豐富，看到天上形態各異的雲朵，他們可能就會聯想到草原上的羊群、牛群……。
2. 善於聯想的孩子記憶力比較突出，他們可能會記得很久以前發生

過的一件事情，或者是很久以前見到過的一個人，甚至連這個人當時穿什麼衣服都記得很清楚。

3. 善於聯想的孩子思考比較開闊，一般不拘泥於條條框框的限制，有些時候他們甚至會做出一些出人意料的事情，例如把自己的腳踏車改裝成三輪車。

4. 善於聯想的孩子，有些時候會表現出注意力不集中的情況，可能是他們當時因為某些東西聯想到跟自己正在做的事情無關的東西，而這可能會令許多家長與老師感到很頭痛。

從「中藥店裡開茶館」談起

在日常生活中，常聽一些家長責備孩子說：「你這是癡人說夢。」

其實「癡人說夢」並不見得是一件壞事。身為家長，您非但不能遏制孩子的浮想聯翩，還應該適當地鼓勵他，把自己聯想到的東西寫下來，並做出來，也許，這裡面就會蘊含著成功的機遇。下面這則故事講述的就是這個道理。

在 1970 年代的日本，人們普遍信奉西醫，中醫備受冷落，中藥也賣不出去。因此，那些靠經營中藥維生的店鋪境況非常淒涼。

伊倉產業公司也是其中之一。公司老闆石川為了改變這種情況，想了很多辦法，但讓人遺憾的是，一直沒有顯著效果。

有一天，石川的一個朋友請他去茶館喝茶聊天。但是他們很快就發現，附近的茶館已經人滿為患了，過了好久，他們才在一個規模較大的茶館裡坐了下來。

就在石川看菜單的時候，一個想法突然閃過他的腦海：既然茶館的生意這麼好，為什麼不把中藥店和茶館結合在一起呢？人們也可以像來茶館喝茶一樣，去中藥店喝中藥飲料啊！

1974 年 9 月，伊倉產業公司的第一家中藥茶館在東京開張了。為了改變

傳統中藥店的陰鬱氣氛，石川按照茶館的風格進行裝修，店內的牆壁刷得雪白，地面、桌、椅全部刷成綠色，看上去清新宜人，散發出濃郁的田園氣息；雕工精美的展示櫃裡放著各種中藥飲料，它們有些是橙色的，有些是琥珀色的，有些則是透明的；另外，店裡還有摻了中藥的果汁出售。而且，無論是哪種飲料，中藥味都已經大大減輕。

中藥茶館別具一格的經營方式，立即吸引了大量的年輕顧客。人們在美妙動聽的音樂聲中，悠閒地品味著清爽可口的中藥飲料，無不感到心滿意足。

就這樣，伊倉茶館成了東京一大著名場所，伊倉產業公司也由此一炮打響。

茶館是人們休閒娛樂、喝茶聊天的地方，而中藥鋪是買中藥的地方，這兩個場所原本沒有任何的相關性。可是，聰明的石川透過聯想，將茶館與中藥鋪連繫了起來，成為了中藥茶館，並因此一炮打響，取得了成功。

這則故事告訴了大家，在日常生活中，只有懂得合理運用聯想，才有可能獲得意想不到的收穫。

備選故事任您挑

運用聯想思考，將會創造更多的奇蹟。下面是編者提供的幾則有關運用聯想創新的故事，希望能給您的孩子更多的啟發與引導，激勵他透過自身的聯想來學會創新。

糞金龜推泥球的啟發

在日常生活中，有許多孩子「雙眼模糊」、「思路不清」，他們成天沉迷於自己狹小的遊戲世界裡流連忘返。一個對生活缺乏感知與興趣的孩子，怎麼可能會有創新與發現呢？如果您家中也有這麼一個對生活漠不關心的孩子，不妨讓他聽聽下面這則故事。

　　某天，炙熱的太陽烘烤著大地，一個叫小松的農夫正坐在一棵樹下乘涼。這時，他意外地看到腳旁有一隻「蜣螂」，也就是屎金龜，正推著一團很大的泥球緩緩地向前爬行。

　　這一個十分平常的現象引起了小松的興趣。蜣螂在前面爬，他蹲在地上跟著看，瞪大眼睛觀察了半天，似乎悟到了什麼，又似乎什麼也沒悟到。

　　第二天，他起了個大早，在山坡上又找到一隻蜣螂。為了進一步觀察，他用一根白線綁著一小塊泥團，套在蜣螂身上，讓牠拉著走。

　　奇怪的是，這塊小泥團比昨天的輕得多，可是蜣螂怎麼也拉不動。小松又找了幾隻蜣螂來做同樣的試驗，結果都一樣。

　　這時，小松如夢初醒，原來拉比推費力，能夠推得動的東西不一定能拉得動。

　　他曾開過幾年耕耘機，因為不能行駛在自己家鄉又狹又小又高又陡的山地上深感遺憾。這時他腦中忽然閃現出一個想法：能不能學一學蜣螂推泥團，將犁放在耕耘機的前面呢？

　　根據這一聯想，他把從山上採摘來的茅花稈一節一節切斷後，分別製成「把手」、「機身」和「犁」等，經過幾天辛勤忙碌，終於製作出一臺用茅花稈和鐵絲製成的耕耘機模型。三個月後，小松耗資萬元製作的耕耘機開進了田裡，但它像一頭暴躁的小牛，不聽使喚，小松為此寢食不安。

　　一天，他被一臺推土機吸引住，他看出推土機主要是靠履帶才具有穩定性強、著地爬動力好的特點。他又聯想到，耕耘機裝上履帶不就可以解決同樣的問題了嗎？

　　經過幾個月的研發測試，小松終於改良了履帶式耕耘機。

　　孩子，創新並不是某一些人的專利，故事中的小松也不過是一個普通的農民，但他是一個善於觀察，懂得連繫生活實際的人。透過觀察蜣螂推泥球，他聯想到自己使用過的耕耘機，從而改良出了新型耕耘機。

　　由此可見，出色的觀察能力與聯想能力是一個人創新的必備特質。如果你希望自己有朝一日也能成為一名發明家，那麼不妨從現在開始，做一個生

活上的有心人。

告別重複的勞動

1930 年代，在美國一家大公司裡，有一位名叫賈斯特・卡爾森的工程師。此人業務精通，做事勤於動腦，業餘還喜歡做些小發明。

一天，他到公司祕書處修理電器，看到祕書忙得不可開交，一下要抄寫幾份同樣內容的文件，送交各個部門；一下要畫幾張設計圖，呈送給各位董事。這種情形使他冒出了一個「古怪」的想法：要是有一臺能夠複印相同文件或圖案的機器就好了。

此後幾天裡，他吃不香、睡不穩，腦子裡老是浮現出新機器的形象。他想：如能發明這種機器，一定是很有意義的。於是，卡爾森找到了公司的董事長，對他說：「這是一項意義重大的發明。如能成功，它將為我們公司帶來良好的效益。希望公司能投入一定的資金，予以支持。」

「為什麼要投資？我們公司是做生意的，不是科研機構。」董事長聳聳肩，一口拒絕了卡爾森的要求。

「公司不做，我自己做。」卡爾森回到家，把自己家的廚房和浴室騰出來做實驗室，接著，開始構思影印機的設計方案。

「怎樣才能將一張紙上的線條一模一樣地複印到另一張紙上呢？」卡爾森反覆思考這個問題。一段時間過去了，卡爾森並沒有想出什麼好方法，沒有攻下這個難關，接下來的研製工作也無法展開，他感到十分苦惱。

一天晚上，他不知不覺地工作到第二天凌晨。上班時間快到了，他來不及吃早餐就去公司上班了，待到中午下班，他飢腸轆轆，便快步走到附近一家中餐館吃飯。

在餐館裡，他看到一幅題為「霸王別姬」的中國畫，感到很好奇，便向餐館老闆詢問畫中的內容。熱情的老闆向他講述了「霸王別姬」的故事：「在中國歷史上著名的楚漢之爭中，百戰百勝的西楚霸王項羽一次遭劉邦軍隊的伏擊而幾乎全軍覆沒。他帶著愛姬及幾個殘兵，逃至烏江邊。項羽怎能咽得

下這口氣，發誓要重整旗鼓、捲土重來。然而，恰在這時，他發現江邊矗立著一座石碑，定睛一看，只見石碑上赫然寫著『霸王自刎烏江』六個大字。項羽不禁吃了一驚，不過他轉念一想，這可能是劉邦叫人刻的，不料，走近一瞧，字跡竟是許許多多螞蟻組成的，項羽認為這是上天的旨意，便長嘆一聲，拔劍自刎了。這幅畫畫的就是霸王自刎前與愛姬生離死別的情景。其實，螞蟻怎麼會寫字呢？這正是漢高祖劉邦的詭計。他派人用蜂蜜在石碑上塗了這6個字，螞蟻嗅到蜂蜜味，爬滿了塗蜜的地方，就呈現出了醒目的字。」

「塗蜂蜜……螞蟻爬滿……醒目的字。」卡爾森想：要是將一張紙上的筆劃像塗蜂蜜一樣塗在那一種紙上，使墨粉像螞蟻一樣附在上面，問題不就解決了嗎。

按照這一思路研究下去，卡爾森很快就設計出了製造方案，經過一段時間的努力，他終於在 1938 年 10 月 22 日製造出世界上第一臺靜電影印機。卡爾森激動地把一張寫有「Artorial0-22-38」的紙張放入影印機複印成功，世界上第一張影本終於誕生了。卡爾森製造的這種影印機很笨重，複印一張資料需要花費 4 分鐘，印製的筆畫也不是很清晰。

後來，一位名叫岡拉克的發明家，在靜電影印機技術上做出重大改進，大大提高了靜電影印機的複印速度，使影印機一分鐘內可印 150 張，並使影印機的結構更簡單，體積更小，甚至可以放在書桌上進行操作。

至此，技術比較完善的影印機誕生了。它的主要部件是硒鼓。鼓上塗著的硒在黑暗中能留住電荷，一遇光又能放走電荷。複印時，使光透過要複印的紙，照到硒鼓上。這樣，硒鼓上沒有筆跡的地方放走了電荷，有筆跡的地方留住了正電荷；接著，讓硒鼓上有筆跡的地方吸附上帶負電的墨粉；最後，硒鼓轉動時，讓帶正電的白紙通過，墨粉就被吸到紙上，經過高溫或紅外線照射，讓墨粉熔化，滲入紙中，就能顯現出筆跡。

這種影印機經過卡爾森、岡拉克所在的全錄公司生產後，立即受到人們的歡迎。

不想重複，就應該想辦法創新，這是自然而然的道理。正因為賈斯特·卡爾森不想重複地做一些沒有意義的事情，並且透過對「霸王別姬」這則故事的聯想，他才最終發明了影印機，造福了人類。

想一想，你想對自己生活中的哪些東西進行改進與更新呢？找出這些東西，發揮你的聯想能力，說不定你也能成為一名的發明家。

研製月球儀

荷蘭有一位退休老人，他和其他退休老人一樣，每天都是以看電視來消磨時間。

有一天，電視裡播放有關月球探險的節目。在電視螢幕上，主持人煞有其事地將月球的地圖攤開，並口若懸河地加以講解。

這位荷蘭老人心想：「看這種月球平面圖，效果不好。月球和地球都是圓的，既然有地球儀，同樣也可以有月球儀。地球儀有人買，月球儀肯定也會有人買。」於是，老人開始傾注全部精力研製月球儀。

當第一批月球儀做好以後，老人就在電視和報紙上刊登廣告。果然不出他所料，世界各地的訂單源源不斷地飛來。

荷蘭老人透過地球儀聯想到了製作月球儀，從而獲得了成功，而這正是聯想的魅力。其實，世界上的任何事物都不是孤立的，它們總是在空間或時間上存在著絲絲縷縷的連繫。只要你善於找出它們之間的連繫，進行創新，那麼成功就離你不遠了。

鐵鍋與鋼盔

聯想是孩子的專利，例如從一塊石頭，他可能會聯想到子彈、飛機或大炮。但是，由於孩子不善於捕捉自己聯想到的東西，所以很多創造性的思考總是一閃而過，沒有留下痕跡。

如果您家也有這麼一個善於聯想，但不善於捕捉資訊的孩子，那麼不妨找機會坐下來，跟他講講下面這則故事。

第一次世界大戰的炮火瀰漫歐洲，機槍和火炮的發展使戰鬥愈發殘酷，大批傷兵被運到後方。

一天，法國將軍亞德里安去醫院看望傷兵，一位傷兵向他講述了自己受傷的經過。原來在德國炮擊時，這個士兵正在廚房值日，炮彈劈頭蓋臉地打來，彈片橫飛，他急中生智，忙把鐵鍋舉起來扣在頭上，結果很多同伴都被炸死了，而他只受了點輕傷。

亞德里安由此聯想到，如果戰場上人人都有一頂鐵帽子，不就可以減少傷亡了嗎？於是，他立即指定一個小組進行研究，製成了第一代鋼盔，並在當年發放給部隊。據統計，在第二次世界大戰中，世界各國的軍隊由於配備了鋼盔，使幾十萬人免於死亡。

由別人不經意的一句話中，亞德里安從鐵鍋聯想到了鋼盔，從而有了自己的創新之舉。由此可見，在日常生活中，不僅要學會聯想，還應該及時捕捉到被別人忽略的資訊，因為只有這樣才能做到別人不曾做過的事情。

聯想產生氣壓制動系統

畢曉磊是一個想像力非常豐富的男孩子，他喜歡聯想。例如，看到汽車，他就聯想到汽車在天上飛的情景；看到水中游得歡快的小魚，他就聯想到人只要穿上某件衣服，即使不會游泳也能像魚一樣在水裡活動自如；看到舊房子，他就聯想到把這些房子推倒以後建遊樂場的模樣……總之，曉磊樂此不疲地生活在自己的幻想世界裡，但真正讓他去做一件事情時，他卻總是無能為力。

為此，爸爸跟他講了下面這則故事。

有一次，英國的發明家卡爾斯乘火車外出旅行，結果兩列火車意外地相撞而耽誤了行程。

當時，每節車廂的煞車都是用手控制的，遇到緊急情況很難讓整列火車煞住。

從此，卡爾斯決心發明一種能同時煞住整個列車的制動裝置系統。但

是，他絞盡腦汁，也沒有想到一個好辦法。

後來，他偶然在一本雜誌上看到，有人在挖掘隧道時，用橡膠管從幾百公尺以外的空氣壓縮機輸來壓縮空氣驅動風鑽。於是，他聯想到，可以將壓縮空氣輸送到各個車廂，借助氣壓使各個車廂同時煞車。火車安全運行的氣壓制動系統就這樣在大膽的聯想中誕生了。

聽完故事，曉磊說：「卡爾斯真棒，可惜我不是科學家，所以只能想得到，但不知道怎麼做。」

爸爸聽了曉磊的話後，意味深長地說：「孩子，聯想只有用於解決生活中的問題，才有它的價值與力量。所以，我們不僅要會想，還應該透過聯想去實踐，去解決問題。然而，為了能很好地解決問題，我們現在必須認真地學習知識。只有這樣，以後才能更好地運用聯想進行創新，從而造福人類，你說對嗎？」

曉磊聽了爸爸的話，認真地點點頭說：「爸，您說得對，我以後再也不胡思亂想了。」

後來，因為扎實的基本功，加上豐富的聯想力，據說曉磊在學校還真的有不少小發明呢！

尖刺哪裡去了

法國著名生物學家德巴赫曾致力於研究動物自身對抗感染的機制問題，但一直沒有取得突破性進展，這令他傷透了腦筋。

一次，他仔細觀察海星的透明幼蟲，並把幾根薔薇刺扔向一堆幼蟲。結果那些幼蟲馬上把薔薇刺包圍起來，並一個個加以「吞食」。

這個意外的發現使德巴赫聯想到自己在挑出扎進手指中的尖刺時的情景：尖刺斷留在肌肉裡一時取不出來，而過了幾天，尖刺卻奇蹟般地在肌肉裡消失了。這種尖刺突然消失的現象成為一個謎，一直困擾著他。

直到現在他才領悟到，這是由於當刺扎進了手指時，白血球就會把它包圍起來，然後把它吞噬掉。

這樣就產生了「細胞的吞噬作用」這一重要理論，它說明在高等動物和人體的內部都存在著細胞吞食現象。當發炎時，在這種現象的作用下，身體就可以得到保護。

從海星的透明幼蟲，德巴赫聯想到了自己的生物實驗，從而產生了「細胞的吞噬作用」的理論。由此可見，聯想在科學創新的道路上是不可缺少的，善於聯想的人，才善於創新。

給家長的悄悄話

在創新過程中，聯想是一種常見而有效的方法，這是因為自然界中的一切事物都有著某種內在的連繫，從宇宙天體到微觀粒子，從飛禽走獸的特殊本領到機械和建築的精巧設計，創新者都可以從中發現互通的東西。

心理學家根據聯想思考產生的目的性，將聯想思考方法分成自由聯想法和強迫聯想法兩種。

自由聯想法

自由聯想法是一種主動的積極聯想，是在自由奔放毫無顧忌的情況下進行聯想，該方法是屬於探索性的。

心理學家提出一個有趣的問題，要求試驗的人盡快想到更多事物，再從這些事物中，找出新的想法。例如，提及「飛機」一詞，就可以聯想到航空、機身、機翼、機尾及著陸裝置等，還可以聯想到飛機的原理、起飛的上升力、著陸的下降力以及飛機衝力必須超過阻力等。經過一系列的追蹤研究發現，自由聯想越豐富的人，其做出創新的可能性也就越大。

強迫聯想法

強迫聯想法是由蘇聯心理學家哥洛萬斯和塔斯林茨提出的，其方法是要求兩種事物透過一定的聯想，構成一種新事物。例如，日本軟銀集團老闆孫正義認為自己的成功得益於他早年在美國留學時的「每天一項發明」，那時候

不管多忙，他每天都要給自己 5 分鐘的時間，強迫自己想一項發明，他發明的方法很奇特：從字典裡隨意找三個名詞，然後想辦法把這三樣東西組合成一個新東西。一年下來，他竟然有 250 多項「發明」。在這些「發明」裡，最重要的是「可以發聲的多國語言翻譯機」。這項發明後來以 1 億日元的價格賣給了日本夏普公司，為孫正義賺到了創業的資金。在這裡，孫正義所用的聯想方法就是強迫聯想法。

當然，不管是自由聯想法，還是強迫聯想法，它們都能達到創新的目的。孩子的聯想思考能力除了天賦之外，後天的訓練也是舉足輕重的。

家長應如何對孩子進行「聯想」思考訓練：

1. **透過「圖形」對孩子進行聯想思考訓練**：家長向孩子展示兩個圖形，讓他選擇其中一個圖形，聯想與其相關的事物。這樣做的目的是讓孩子掌握聯想的最基本方式 —— 相似聯想。

2. **透過「詞語」對孩子進行聯想思考訓練**：家長出示詞語「圓形」，讓孩子從空間角度延伸聯想的內容，例如想到「地球」、「月亮」、「包子」等。這樣的訓練方式，能讓孩子的思考變得越來越敏捷、活躍。

3. **透過「圖畫」對孩子進行聯想思考訓練**：家長出示一幅圖畫，先讓孩子說出圖畫上的內容，進而展開想像，說出圖畫上沒有的景物。

4. **透過若干沒有任何關係的物體對孩子進行聯想思考訓練**：家長出示「鉛筆」、「小白兔」、「汽車輪子」等詞語，讓孩子圍繞這些詞語展開聯想。

當然，對孩子進行聯想思考訓練的方式還有很多，只要家長能夠用心思考，就一定能夠總結出適合自己孩子的聯想思考訓練方法。

對孩子進行聯想思考訓練時，家長還應該注意到以下幾點：

1. 要培養孩子敏銳的觀察和豐富的記憶。聯想能力是以經驗和知識的累積作為基礎的，它有賴於敏銳的觀察和豐富的記憶。要知道，世界上的事物雖然千差萬別、形態各異，卻又都是互相連繫的。即使是在具有相反關係或矛盾關係的事物之間，也不是絕對的「井水不犯河水」，因此，要能夠明確地從事物的互相對立關係中看出它們的連繫。

2. 要經常根據事物之間的關係對孩子進行聯想練習，從而使其聯想能力不斷得到鍛鍊和提高。

3. 對於孩子天花亂墜般的聯想，家長不要斥責他胡鬧、不幹正事，而應該鼓勵他積極地展開自己的聯想，並且試著把聯想到的事物或故事情節寫下來，或者畫出來。

教學加油站

聯想訓練題

1. 在〈天上的街市〉中，詩人由街燈想到了天上的明星；然後，又想到了美麗的街市和物品的珍奇；最後，則想到了牛郎織女正在閒遊。其中，為什麼詩人會由街燈聯想到天上的明星呢？

答：兩者之間有相似點，即都有閃爍的光點。這正是典型的相似聯想。

2. 在〈靜夜思〉中，詩人由月光聯想到了霜，但他為什麼不想到其他類似的事物呢？

答：霜與月光都具有顏色白的特點。其中，霜還能表現出寒冷的感覺，從而更能體現遊子的思鄉之情。

第八章　面對問題要追根究柢

追根究柢是科學創新的必備特質。一個人唯有孜孜不倦地求索探究，才能從細小的、司空見慣的自然現象中發現問題，並追根溯源，找到科學的真理。

因此，使孩子們熱衷於探索和求知，無疑是激發他們學會創新的最好方式。

將問題追根究柢

俗話說得好：「真理誕生於一百個問號之後。」同樣，這句話也非常適合於創新思考的培養。

愛因斯坦 5 歲時的一天，父親把一個指南針作為禮物送給了他。

愛因斯坦一看到這個小玩意就充滿了強烈的興趣，他驚奇地發現：指南針永遠都往一個方向擺動，這到底是為什麼呢？為了滿足自己的這種好奇心，愛因斯坦把指南針拆得七零八落，但最終還是沒有找到答案。

在日常生活中，類似於愛因斯坦這樣的孩子很多。他們的小腦袋裡不停地冒出「怎麼」、「什麼」、「為什麼」之類的問題，而且總是問個不停，大有打破砂鍋問到底的勢頭，以及得不到答案不甘休的執著，有些家長被孩子問著問著就心煩了。如果孩子不但愛問，而且喜歡「搞破壞」，就勢必成為家長心目中的「問題」孩子。

事實上，孩子提問是一種借助成人的力量對周圍環境進行了解的探究行為。他們透過提問來理解事物以及事物之間的相互關係，並從中獲得思考的方法，提高觀察能力。孩子的提問過程通常隱含著極強烈的探索精神。身為家長應該認真傾聽他的提問，耐心地用通俗易懂的語言向孩子解釋，讓他對生活中的一些現象有感性的認知。

如果孩子沒有問題，家長還要主動跟他講，不要以為孩子小、聽不懂，就忽略對他的教育，這對孩子的成長，乃至他今後的創新是不利的。

由此可見，家長不但要鼓勵孩子主動提問，還應該鼓勵他把問題追問到底，只有這樣，才能使其獲得真正的知識，從而在認知的基礎上創新。

家長在鼓勵孩子學會追問時，具體應從以下幾個方面：

1. **培養孩子提問的習慣**：讓孩子做到謙虛好學，遇到不懂的問題，就主動提出來，孩子才能真正掌握到知識，從而能更好地創新。

2. **告訴孩子善於提問的好處**：對於不敢問、懶得問的孩子，家長應跟他們說明善於提問的好處。鼓勵孩子提出問題，並能深入地探究問題，透過

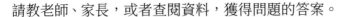

請教老師、家長,或者查閱資料,獲得問題的答案。

3. **帶孩子發現問題**:大自然是孩子最好的教科書,因此家長應該經常帶孩子到戶外走走、看看、玩玩,讓他們有更多的機會去觀察探索。在孩子發現問題的基礎上,家長還要有針對性地引導他尋找到問題的答案,因為這樣能讓他的印象更深刻。

4. **適當表揚孩子的提問行為**:當孩子提出問題的時候,家長不但應該引導他找到答案,還應該表揚孩子的行為,使他始終保持提問的積極性。

總而言之,只要家長有意識地引導孩子學會觀察,積極發現問題、解決問題,就能讓他逐步養成勇於提問、探索創新的好習慣。

小提醒

如何了解孩子是否善於發現問題、勇於提出問題?

1. 從孩子對生活細節的關注程度了解。一個善於發現問題的孩子,必然有一雙善於觀察的眼睛,他們對生活當中的一些細微變化,都能很快就察覺到。如果您想了解自己的孩子是否善於發現問題,不妨變換一下家裡的擺設,測試孩子是否注意到這些小變化,並且提出自己的疑問。

2. 從孩子的老師那裡了解。由於老師對自己的學生比較了解,因此請教孩子的老師,可以很好地幫您了解自己的孩子,如果您的孩子懶得提問,或者不會提問,那麼家長應該要求老師在課堂上多給孩子鍛鍊的機會。

3. 與孩子多多交流。如果孩子樂於與家長分享自己的問題,那麼家長應該積極參與其間。如果孩子不懂得提問題,那麼家長應該給予適當的引導。

講個「密卡爾遜的疑問」的故事

很多孩子都羨慕善於發明創造的科學家們,認為他們實在是太聰明了。

其實，孩子不知道，很多科學創造就在自己身邊，只要善於捕捉機遇，有發現問題的敏銳眼睛，並且對問題有追根究柢的求索精神，就有可能得到意想不到的收穫。

下面故事中的魏格納就是一個藉別人的疑問成就自己事業的人。

在六十多年前，一位名叫密卡爾遜的生物學家，調查了蚯蚓在地球上的分布情況後，發現美國東海岸有一種蚯蚓，在歐洲西海岸同緯度地區也有這種蚯蚓，但在美國西海岸卻沒有這種蚯蚓。這到底是為什麼呢？密卡爾遜無法回答這個問題。

密卡爾遜的論文，引起了德國地質學家魏格納的注意。當時，魏格納正在研究大陸和海洋的起源問題。他認為：由於蚯蚓的活動能力很有限，因此牠是無法渡過大洋的，而其分布情況正說明了歐洲大陸與美洲大陸本來是連在一起的，後來裂開了，即分成了兩塊大陸。他把蚯蚓的地理分布，作為例證之一，寫進了他的《大陸和海洋的起源》一書。

無數發明創造的實踐證明，誰善於發現問題，並具備探索真知的堅強意志，誰就有可能創新。可以說，一個心中沒有疑問的人，由於其大腦永遠處於靜止狀態，因此他不可能有突破，更不能有創新。

備選故事任您挑

要想讓孩子更深一步意識到「追根究柢」對於科學探索的好處，應該讓孩子聽聽更多有關於「探索問題」與「發明創造」的故事。

善於提問的雷恩沃特

在日常生活中，很多孩子擔心自己提出的問題過於幼稚，怕遭到同學的嘲笑，索性明明不知道卻裝作知道，從而使自己失去獲得知識的好機會。

如果您的孩子有類似的壞習慣，那麼家長不妨多引導孩子，激發他「問」的勇氣。下面的這則故事，也許能給孩子一些啟發。

美國物理學家雷恩沃特小時候非常善於思考，他能夠從許多司空見慣的事物中想到一些深層的問題。

雷恩沃特上國小的時候，在一次語文課上，老師問道：「同學們，你們說 1 加 1 等於多少？」

「等於 2。」同學們異口同聲地回答。

只有雷恩沃特呆呆地看著老師，沒有回答。

老師有點疑惑，就問他：「雷恩沃特，你怎麼不回答呢？難道你不知道這個問題的答案嗎？」

雷恩沃特想了想，對老師說：「老師，我不是不知道 1 加 1 等於 2，但是，您為什麼要問我們這樣一個簡單的數學題呢？您是不是有其他的答案？」

聽了雷恩沃特的話，老師感到非常高興，因為他提這個問題的目的被雷恩沃特說中了。老師微笑著對大家說：「同學們，雷恩沃特說得沒錯。從數學的角度來說，1 加 1 等於 2，但是，從其他角度來說，1 加 1 未必等於 2，就像我們今天要學的這篇文章裡所說的，兩個人互相幫助的力量就大於他們單個人力量相加。所以，大家要互相幫忙、互相關心，做個樂於助人的人。」

由於雷恩沃特從小就具備對任何事物都追根究柢的精神，因此他長大後成為了世界著名物理學家。

由此可見，在面對不懂的問題時，不要怕自己的提問會遭到別人的嘲笑。「不懂」並沒有什麼可恥的，而「不懂裝懂」才是最可悲的。

此外，在面對問題時，應該從不同的角度來進行思考，因為只有這樣才能幫助自己更好地了解事情的本質。

夢的祕密

當您的孩子對這個世界還充滿疑問的時候，家長要多給予思想上的引導，從而讓他在生活中永遠保持一顆勇於探索的心。

有一位奧地利醫生，看到兒子在睡覺時，眼珠子忽然轉動起來。他感到很奇怪，便連忙叫醒兒子，兒子說自己剛才做了一個夢。

這位醫生想：眼珠子轉動會不會與做夢有關呢？

於是，他把兒子當成了「試驗品」。每當兒子睡覺的時候，他便守在旁邊，一旦發現兒子的眼珠子轉動，就叫醒兒子，而兒子總是說自己剛才做了一個夢。

醫生又仔細觀察了他的妻子，後來又觀察了鄰居，都發現同樣的情況。

於是，他寫了一篇論文，指出當睡著的人眼珠子轉動時，就表示他正在做夢。這篇論文引起世界各國科學家的注意。

如今，人們研究夢的生理學時，通常會用眼珠子轉動的次數和時間，來測量人做夢的次數和長短。

孩子，生活中的很多現象都很有趣，而且蘊含著真理。但是因為沒有留心觀察，所以常常被忽視了。大家要像這位醫生一樣，善於捕捉生活中的一些奇怪現象，並且學會多問為什麼。只有這樣，才能透過事物的現象，看到其本質，從而獲得真正的知識。

好學善問的伽利略

伽利略是義大利偉大的物理學家、天文學家，被譽為「近代科學之父」。

伽利略從小就很愛動腦筋，並且喜歡鑽研。當其他孩子在盡情玩耍時，伽利略卻把時間用在了製作各式各樣精巧有趣的機械玩具上。在學校裡，伽利略透過刻苦勤奮的學習，很快就掌握了拉丁文、希臘文及數學等知識。

在比薩大學讀書期間，伽利略不僅勤奮刻苦，而且好奇心很強，經常提出一些「奇怪」的問題來問老師。

有一次上課，比羅教授講胚胎學，他講道：「母親生男孩還是生女孩，是由父親的強弱決定的。父親身體強壯，母親就生男孩；父親身體衰弱，母親就生女孩。」

比羅教授的話音剛落，伽利略就舉手說道：「老師，我有疑問。」

比羅教授不高興地說：「你提的問題太多了！你是個學生，上課時應該認真聽老師講，多記筆記，不要胡思亂想。動不動就提問題，會影響其他同

學學習的。」

「這不是胡思亂想，也不是動不動就提問題。我的鄰居，男的身體非常強壯，可他的妻子一連生了 5 個女兒，與老師講的正好相反，這該怎麼解釋呢？」伽利略沒有被比羅教授嚇住，而是繼續問道。

「我是根據古希臘著名學者亞里斯多德的觀點來講的，是不會錯的。」比羅教授搬出了理論根據，想壓服他。

可是，伽利略卻繼續說：「難道亞里斯多德講的不符合事實，也要硬說是對的嗎？科學一定要與事實符合，否則就不是真正的科學。」比羅教授被問倒了，下不了臺。

後來，伽利略因為這件事受到了校方的訓斥。但是，他勇於堅持、好學善問、追求真理的精神卻絲毫沒有改變。

有一次，伽利略得知數學家利奇來比薩大學講課，他便準備了許多問題前去請教。當利奇面對伽利略的問題時，並沒有表現出絲毫的不耐煩，而是認真地解答給他聽。

這下可好，伽利略高興得不得了，就這樣，伽利略很快就學會了關於平面幾何、立體幾何等方面的知識，並且深入地掌握了阿基米德關於杠杆、浮體比重等理論。

好問是所有科學家的共同特質。因為，沒有疑問，就沒有探索；沒有探索，也就沒有創新。

由此可見，如果想創新，那麼從小就要養成好學多問的習慣。好學多問不僅是一個良好的學習習慣，還是激發思考的開端。透過問題，不僅可以鍛鍊自己的思考能力，還可以鞏固自己所學的知識，更可以從中學到許多未知的知識，從而為今後的創新奠定扎實的基礎。

蛛絲帶來的啟示

笛卡兒是法國 17 世紀偉大的科學家。他的興趣很廣泛，在哲學、物理學、數學等方面都取得了很大的成就，下面就來說說他的數學成就，即他對

解析幾何學的貢獻。

笛卡兒出生於一個貴族家庭，幼時喪母，父親非常溺愛他。他身體不好，父親就和學校商量，每天早上晚點起床，多休息一下。後來，笛卡兒就養成了在床上沉思的習慣。據說，笛卡兒的許多發現都是早上在床上思考得到的，這裡面就包括解析幾何。

有一次，笛卡兒生病臥床，這又是他思考問題的好時機，身體躺在床上休息，可腦子並沒有閒著。這些日子，他正被一個問題困擾著：代數裡面的方程都是很抽象的，而幾何裡面的圖形卻是直觀的，要是能把「數」和「形」結合起來，在代數和幾何之間架設一座橋梁，那該多好啊，可是，這座橋在哪裡呢？

突然，他看見屋頂上的一隻蜘蛛拉著絲垂了下來。過了一下子，蜘蛛又順著絲爬了上去，在屋頂上左右爬行。

笛卡兒看到蜘蛛的「表演」，突然大受啟發。

他想：可以把蜘蛛看做一個點，牠在屋子裡上、下、左、右運動，能不能用數字把蜘蛛在某一個時刻的位置表示出來呢？

他又想：屋子裡相鄰的兩面牆，再加上地面總共可以交出三條直線，如果把地面的牆角作為起點，把交出的三條直線作為三個數軸，那麼空間中任何一點的位置，不就可以在這一根數軸上找到三個對應的、有順序的數位來表示了嗎？

1637 年，笛卡兒出版了《幾何學》一書，在書中，他把坐標系引入了幾何學，將幾何和代數完美地結合在一起。從此，很多抽象的代數問題和繁複的幾何問題就容易解決了。後來牛頓把這門數學分支命名為「解析幾何學」。

把自己心中的疑問常常放在心上，這樣就可以在看到相關的現象時，得到啟示。

愛迪生的「為什麼」

世界上最偉大的發明家愛迪生一生取得了很多的成就，這與他從沒有停

止問「為什麼」，並不斷地追求探索有著很大關係。

有一天，愛迪生在路上碰到一個多日不見的好朋友，而這位朋友手指上的一個關節腫了。於是，他問道：「你的手指為什麼腫了呢？」

「我還不知道確切的原因。」

「你為什麼不知道呢？醫生知道嗎？」

「每個醫生說的都不一樣，不過多半的醫生都說這是痛風症。」

「什麼是痛風症？」

「他們說這是由於尿酸淤積在骨節裡造成的。」

愛迪生聽後感到很詫異，便問道：「既然如此，他們為什麼不從你的骨節裡取出尿酸來呢？」

「這是因為他們不知道怎麼取。」他的朋友回答說。

聽到這，愛迪生感到很氣憤，便接著問：「為什麼他們會不知道怎麼取出來呢？」

「因為尿酸是不能溶解的。」

「我不相信。」愛迪生回答道。

與朋友分別後，愛迪生急忙回到實驗室，立刻開始試驗尿酸到底能不能被溶解。他先排好一列試管，然後在每支試管裡加入一定量的化學試劑，並且在每支試管中都放入幾顆尿酸結晶顆粒。幾天之後，他發現其中有兩支試管中的尿酸已經溶化了。

於是，這位大發明家又有了新的發明問世，這個發明也很快得到實際應用。現在，這兩種液體中的一種在醫治痛風症中得到了普遍應用。

愛迪生因為多問了個「為什麼」，所以收穫了一項新的發明。其實，這與孩子的學習是一樣的。在學習的過程中，「為什麼」越多，孩子的收穫就會越多。

廚房裡的聲音

帕斯卡是法國著名的科學家和發明家。

在他 11 歲時的一天，他在一家餐廳的廚房外面玩，玩著玩著，忽然聽到廚房裡傳來「叮叮噹噹」的聲音。他覺得這聲音非常好聽，便循聲走進了廚房。原來，那是廚師用刀叉敲打盤子發出的聲音。

人們每天都生活在充滿各種聲音的環境中，這是再平常不過的了，沒有人去深究發出這些聲音的原因。但是，帕斯卡卻對此十分好奇，他的腦子裡出現了一個又一個的問號：為什麼會有聲音發出呢？為什麼當刀叉離開盤子後聲音並沒有立即停止呢？為什麼敲盤子的聲音和敲桌子的聲音不一樣呢？為什麼……？

有了滿腦子問號的帕斯卡決定親自來敲打盤子，透過試驗來揭開聲音的奧祕。

幾次試驗之後，他發現敲打盤子的刀叉離開盤子後，盤子仍然有聲音，但是，當他用手按住盤子時，聲音便立刻停止了。原來，聲音是從盤子裡發出來的，發聲的關鍵不在於刀叉的敲打，而在於盤子的振動。就這樣，11 歲的帕斯卡發現了聲音的振動原理。

帕斯卡的好奇心，正是其求知欲的體現。科學探索的過程，就是發現問題，解決問題，最後再總結出事物發展規律。在日常生活中，善於提問的人，永遠都比從來不提問題的人更有創新的可能。

天花的剋星

兩百多年前，天花作為一種傳染病，曾嚴重威脅著人類的生命。當時在歐洲，由於天花蔓延，導致人口大量減少，就連荷蘭國王威廉二世、奧地利國王約瑟、法國國王路易十五以及俄國國王彼得二世等知名人物都沒能倖免。如何找到防治天花的辦法，成為當時世界各國的一大難題。

早在 16 世紀以前，中國就有一種俗稱為「種花」的天花預防方法，即有意識地把毒性較弱的天花膿汁放在孩子的鼻子裡，使其感染天花，從而不再

生這種病。這種預防方法在 18 世紀經土耳其，傳到了英國。

可是，這種方法的危險性較大，有不少人因此而喪生。

1766 年，英國人詹納跟隨一個醫生學醫時，收治了不少天花病人。一天，一位農場擠牛奶的女工前來看病，聽到醫生們在議論尋找防治天花的辦法，就接上來說：「前些日子天花作亂，但我們農場擠奶女工卻沒一個得病。有人說，這是我們常接觸乳牛，手上常長牛痘，才免去了災禍。」

詹納聽了若有所悟，但另一位醫生卻說：「這跟防治天花有什麼關係，難道讓全世界的人都去擠牛奶？」詹納覺得也有道理，就沒有再想這件事。

10 年之後，當詹納成了正式醫生，並苦苦探索防治天花的辦法時，他偶然想起了擠奶女工的話。為什麼擠奶的女工不會長天花呢？詹納決定揭開這個謎底。

於是，他專門趕到農場，對擠奶女工進行調查。結果了解到，這些擠奶女工都感染過牛痘，但都沒患過天花。這些女工在擠牛奶時，無意間都接觸過患有天花的乳牛，雖然這會使她們的手上長出小膿皰，身體也略感不適，但很快膿皰就會消失，身體也恢復正常。

詹納從調查研究中了解到，牛痘和天花十分相似，而人體內產生的抗牛痘能力也能夠預防天花。根據這一推斷，詹納先在動物身上做了試驗，取得了預期效果。接著，他又決定在自己的兒子身上做試驗。結果，兒子接種牛痘後略有不適，但很快就好了。為了證實種牛痘之後不會染上天花，詹納又把大量的天花膿液接種到兒子身上，兒子不僅沒有染上天花，連稍微不適的現象也沒出現。詹納終於獲得了成功。

僅僅是擠奶女工一句無意的話，竟激起了詹納探究真相的欲望與求得答案的信念。也正是一個小小的疑問，使詹納發明了種牛痘法，從而挽救了無數人的性命。

由此可見，追根究柢不僅是所有科學家必須具備的特質，還是孩子們獲取真知應該具備的特質。

給家長的悄悄話

　　孩子喜歡發問的時期在 2 ～ 7 歲，這也是啟發孩子學習興趣的關鍵期。因為當孩子發問時，若家長能給予合理的引導，就能啟發他的學習動機和興趣；若家長不知如何引導，往往會造成孩子有問題不願意與家長分享的後果。

　　如何才能更好地回答孩子提出的問題呢？專家認為：及時、耐心是關鍵。要做到及時、耐心地回答孩子提出的各種問題，家長應該做到以下幾個方面：

1. **加強自身修養和學習**：要使孩子懂，首先得自己懂。由於知識是無窮的，因此要多看書，時刻豐富自己的科學文化知識。如果有些問題一時難以解答，家長可以帶孩子一起查找書籍，直到弄懂為止。

2. **講究科學性**：教給孩子的知識必須真實，並符合客觀實際，切忌把模棱兩可、違背科學的東西告訴孩子。即使孩子提出的問題比較複雜，例如「人是怎樣跑到電視機裡去的」、「月亮為什麼有時大有時小」，家長也要把正確的答案告訴孩子，切忌胡編亂造。如果家長也不懂，那麼可以查找書籍，也可以請教別人。家長的這種尊重科學、實事求是的精神是會感染孩子的。

3. **採用啟發式**：孩子提出的問題往往比較簡單、幼稚，為了開發他的智力，家長要在回答他提出問題的同時，啟發誘導孩子自己去思考，以求得答案。

4. **注重通俗性、趣味性**：對於孩子提出的問題，家長只用通俗易懂的語言，將知識有趣的表達出來，孩子才能充分地接受。

5. **注意正確「導航」**：孩子提出的問題不一定都是知識性的或是有積極意義的，並且有些還是不切實際的。此時，父母要積極引導，講清道理。

6. **讓孩子自己尋找答案**：孩子對周圍的事物和現象感到新奇，什麼都想知道，家長要有意識地啟發他們積極思考、尋找答案，積極鼓勵由疑問引起的各種探索活動。家長要經常注意孩子提出的不尋常的問題和有價值的想法，並抓住時機進行啟發和引導孩子，這樣不但能滿足、強化及鼓

勵孩子的求知欲，還能使他在自己的疑問中學習到知識。

此外，家長還要為孩子創造一個寬鬆、自由的語言環境，讓他勇於把自己的問題提出來，只有這樣才能真正體現「提問」的作用，從而達到教育的實際效果。

面對孩子的提問，家長要避免出現以下幾種錯誤態度：

1. **強行制止提問**：例如「你怎麼問題那麼多」、「你沒看到我正在忙嗎」、「你怎麼會問出這樣的怪問題」等，這類的話家長要力求避免。

2. **欺騙搪塞**：有些家長對孩子的問題回答不了，但又怕丟面子，就胡編亂造一些所謂的答案來欺騙和搪塞，這樣不但會影響孩子的思考發展，也會影響家長自身的威信。

3. **解釋得太深、太難**：有些家長由於忽視了孩子的接受能力，因此在解答他的提問時，說得太深、太難，讓孩子聽得一頭霧水。這樣做會導致孩子非但沒有把問題弄明白，還因此產生厭煩心理。

4. **對孩子「無聊」的問題惱火**：家長因為覺得「被問倒」所產生的惱火情緒，可能會引發孩子的高度興趣，使他覺得好玩，於是就會想再找些稀奇古怪的問題或重複發問來「考」家長，想瞧瞧家長的反應。因此，無論孩子提問的意圖如何，家長都不要心煩。

以上四種態度都不利於孩子創新精神的培養。

教學加油站

面對孩子的提問，家長的這些想法不可取：

1. 我被問倒了，好難堪！當孩子追根究柢，問到家長回答不了，又不能說不知道時，家長心中會產生挫折感，從而對孩子感到不耐煩。

2. 雞同鴨講，認知有差距。孩子對任何事情都覺得新鮮好奇，家長卻覺得無聊或根本不是問題。其實，家長會這樣想，是因為家長忽略了孩子缺少知識和人生經驗。

第九章　創新需要敏銳的觀察力

觀察力是孩子認識周圍事物的一種能力。透過觀察，孩子可以獲得周圍世界的知識。同時，透過觀察，孩子還可以對周圍世界的知識進行重組與創新。可以說，會觀察是孩子聰明與具備創新能力的前提。

可令人遺憾的是，在現實生活中，很多家長並沒有把觀察力的培養放在應有的位置上，他們不惜一切代價對孩子實施智力與技能培訓，卻唯獨忽略了孩子觀察能力的培養，這在很大程度上壓抑了孩子思考能力與創新能力的提高，是不可取的！為了您的孩子能夠更好地感知世界，請著重培養孩子善於觀察與發現的眼睛吧！

觀察是創新的眼睛

觀察是一種有目的、有計畫、有步驟，透過眼睛看、耳朵聽、鼻子聞、嘴巴嘗、手觸摸等方法來認識周圍事物的過程。

不管是誰，沒有觀察，便不可能有發現，更不可能有創新。歷史上許多有成就的人，都以突出的觀察力而聞名於世。

英國生理學家埃德加・阿德里安從小就非常喜歡解剖小動物，他經常抓一些小動物進行解剖。並且，在解剖的過程中，他不僅細心觀察，還把觀察的結果描成圖畫。

有一次，他正在河邊解剖一條死狗，恰好被母親看到了。由於埃德加・阿德里安的父親是王室的法律顧問，曾榮獲第三級巴斯勳章，身為貴婦人的母親覺得兒子的行為不體面，便埋怨起他來。

阿德里安說：「媽媽，這沒什麼的，我解剖的是一隻死狗。我正在觀察狗的肚子裡都裝著些什麼。老師告訴我們，觀察是科學研究的第一步。」

1908 年，阿德里安獲得科學獎學金，進入劍橋三一學院學習生理學。

1932 年，阿德里安獲得了諾貝爾生理學及醫學獎。

觀察是創造的基礎，具備觀察能力對一個人的創造能力發展至關重要。

俄國生物學家巴夫洛夫曾說過：「在你研究、實驗、觀察的時候，不要做一個事實的保管人。你應當力圖深入事物根源的奧祕，應當百折不撓地探求支配事實的規律。」這就是說，巴夫洛夫主張觀察不但要準確，而且還應做到透過現象看本質。

牛頓從小就是一個能透過現象看本質，善於觀察的人。

牛頓從小就喜歡仔細觀察周圍的各種事情，而且都力圖透過現象看本質，把不懂的地方徹底弄明白。

一天晚上，牛頓仰望著夜空中的月亮和星星，心裡想，這星星和月亮為什麼能掛在天空上呢？書上說，星星和月亮都在天空轉動著，那它們為什麼

不相撞呢？

像牛頓小時候那樣，觀察能力較強的孩子，才能做到透過現象看本質。例如，有的孩子以「我的媽媽」為題寫作文，他不僅能注意到媽媽的音容笑貌、言談舉止這些現象，還能透過這些現象，發掘出媽媽的內心世界；有的孩子在觀察大自然的景色時，不僅能注意到花草樹木、氣溫雲彩以及鳥類的活動、土壤的變化，還能從這些變化中找出哪些景色是春天到來的象徵，哪些景色是寒冬來臨的預兆……。

觀察能力的高低，影響著孩子對外界環境的感知程度。只有觀察能力較強的孩子，才能善於捕捉瞬息萬變的事物，也才能發現那些看上去細微卻十分重要的細節；換句話說，觀察是孩子了解世界的基礎，更是孩子日後走向成功的關鍵所在，因此，家長應從小注重培養孩子的觀察能力。

小提醒

孩子觀察能力強弱的不同表現。

1. 一般情況下，觀察能力強的孩子從小就會表現出普通孩子所沒有的細心。例如，在寫作業的時候，他們從來不會馬馬虎虎、寫出的字也不會有「缺手」、「斷腿」的現象；反之，那些不善於觀察的孩子則常犯這樣的毛病。

2. 由於觀察能力強的孩子能比較快地記住一個人或一個物體的特徵，因此他們的記憶能力相對較好；反之，一個不善於觀察的孩子，總是鬍子、眉毛一起抓，做事情也總是憑大概的印象，因此，其記憶能力相對較差。

3. 觀察能力強的孩子善於觀察別人的內心活動，連帶讓家長有意想不到的欣喜；而一個不善於觀察的孩子則顯得大大咧咧，什麼事都不放在心上。

當然，孩子觀察能力的強弱還表現在其他很多方面，身為家長，只要留心觀察，就能發現自己的孩子屬於哪一個類型。只有充分地了解孩子，才能更好地對孩子進行有針對性的教育。

從「螢火蟲的啟示」談起

在日常生活中，有很多現象看似不起眼，但往往蘊含著一些不為人知的祕密，然而，這些祕密，只有善於觀察的人才能發現。如果您希望自己的孩子同樣能從日常生活中有新的發現，不妨講以下的故事給他聽。

太陽、火等在發出光亮的同時，還會向四周散發熱量，在物理學中，這些光就叫做熱光。由於在一些危險的地方，例如礦井，用熱光來照明容易引起爆炸，因此在很長的一段時間裡，人們都希望能發明一種不會發熱的光來，避免這種危險。直到波義耳發明了冷光以後，這種危險才終於被避免。

波義耳是英國傑出的物理學家和化學家，1627 年 1 月 25 日生於愛爾蘭的里茲英城。在波義耳小時候，他就對屁股後面拖著「小燈籠」的螢火蟲充滿了好奇，並且，他還發現在抓住螢火蟲時，牠們的光不會燙手，這和自己熟悉的陽光、燭光都是不同的。

長大以後，波義耳懂得的事情漸漸多了起來，他想透過實驗搞清楚螢火蟲究竟是如何發光的，發的又是什麼光。

有一次，波義耳捉了不少螢火蟲，把牠們關在一個瓶子裡，他想：蠟燭在空氣中燃燒，才能發出光來，不知螢火蟲的發光是不是也跟周圍的空氣有關。

於是，他用氣泵將瓶子裡的空氣一點一點地抽出來。隨著空氣的減少，螢火蟲發出的光亮也越來越微弱，直至全部消失。接著，波義耳又將空氣慢慢注入瓶子中，螢火蟲又開始發光了。經過一段時間的研究，波義耳發現螢火蟲之所以能發光，是因為牠們的腹部下方有一個發光器官，裡面含有一種能發光的物質。

當螢火蟲吸入空氣時，這種物質就會與空氣中的氧結合，從而發出光來。由於這種光不會產生熱量，波義耳便把它稱為冷光。

最終，冷光被應用到採礦工作中，為礦工們帶來了福音。

波義耳從小就非常善於觀察，並且透過認真觀察，他發現了螢火蟲的光

不會燙手這一現象。但是他並沒有只停留在發現螢火蟲的光與其他光不一樣的階段，而是要更進一步去證明，為什麼螢火蟲發出的光與其他的光不同。正因為波義耳有敏銳的觀察力與孜孜不倦的探索精神，才能讓他的發明造福於人類。

對於創新來說，善於觀察、勤於思考及勇於動手是同等重要的。因此，孩子們要向波義耳學習，做一個善於觀察與發現的人。

備選故事任您挑

在日常生活中，到處都隱藏著祕密，到處都有發現的機會。只要孩子們有一顆善於感知的心靈和一雙善於觀察、發現的眼睛，就能夠捕捉到很多容易被忽視的現象。然而，這些現象的背後往往蘊藏著創新的機遇。

最佳設計

對於一個善於觀察的人來說，生活中那些看似不起眼的小細節，往往能夠激發他們創新的靈感。世界著名建築大師葛羅培斯就是這樣一個人。

世界著名建築大師葛羅培斯設計的迪士尼樂園，經過了 3 年的施工，馬上就要對外開放了。然而，各景點之間的道路該怎樣安排還沒有具體的方案。

雖然葛羅培斯對迪士尼樂園各景點之間的道路安排已經修改了 50 多次，但沒有一次是讓他滿意的。

一天，他來到了法國南部的地中海海濱，想清醒一下，爭取在回國前把方案給定下來。汽車開在鄉間公路上，這裡是法國著名的葡萄產地，到處都是當地農民的葡萄園，一路上他看到人們將無數的葡萄摘下來提到路邊，向過往的車輛和行人吆喝、叫賣，然而很少有人停下來。

當他們的車子進入一個小山谷時，發現在那裡停著許多車子。原來這裡是一座無人看管的葡萄園，你只要在路邊的箱子裡投入 5 法郎就可以摘一

籃葡萄上路，據說這座葡萄園園主是一位老太太，她因年邁無力料理而想出這辦法，起初她還擔心這種辦法能否賣出葡萄，誰知在這綿延百里的葡萄產區，她的葡萄總是最先賣完的。她這種予人自由、任其選擇的做法使葛羅培斯深受啟發，他下車摘了一籃葡萄，就讓司機調轉車頭，立即返回了巴黎。

回到住地後，他便發了一封電報給迪士尼公司的施工部：撒上草種提前開放。施工部按要求在樂園撒了草種，沒多久，小草出來了，整個樂園的空地都被綠草覆蓋。在迪士尼樂園提前開放的半年裡，草地被踩出許多小道，這些踩出的小道有窄有寬，優雅自然；第二年，葛羅培斯讓人按這些踩出的痕跡鋪設了人行道。

1971 年，在倫敦國際園林建築藝術研討會上，迪士尼樂園的路徑設計被評為世界最佳設計。

可以說，那些獨具匠心的創造，往往開始於對生活的留心觀察。建築大師葛羅培斯就是這麼一個生活的有心人，他從老太太賣葡萄的做法中得到了啟發，從而有了自己獨特的創意。

孩子，如果你也是一個善於觀察的人，那麼你同樣也能夠想出與眾不同的好點子。

牛蒡草與魔鬼氈

有一天，一個名叫德梅斯特拉爾的人去郊外打獵。回到家的時候，他發現自己的衣服上沾滿了討厭的牛蒡草果實。德梅斯特拉爾立即脫掉衣服用力地抖了起來，可不管他怎麼抖，牛蒡草果實依舊牢牢地黏在衣服上。

他索性坐下來，開始一粒一粒地摘。突然間，一個從來沒有過的想法在德梅斯特拉爾的腦海裡浮現出來：為什麼這些牛蒡草果實一黏到衣服上，就抖不下來呢？或許我應該好好觀察觀察它們的構造。

說做就做，德梅斯特拉爾立刻忙碌起來。他摘來一些牛蒡草果實，把它們放在顯微鏡下仔細觀察，結果，他發現在牛蒡草果實的芒刺上，有無數個小鉤子，正是這些小鉤子鉤住了衣服上的紗線，所以抖不下來。

德梅斯特拉爾頓時突發奇想：如果一條布帶上也有類似的小鉤子，而另一條布帶上全是毛圈，它們不就可以黏在一起了嗎？

在牛蒡草果實的啟發下，經過 8 年的精心研究，德梅斯特拉爾終於設計出了魔鬼氈，它由兩塊布帶組成，一塊稱為「絨面」，有許多毛圈；另一塊稱為「鉤面」，有許多均勻的小鉤子。只要將這兩塊布帶對齊後輕輕擠壓，毛圈就會被鉤住，從而產生連結作用，若要把它們拉開，只要從一端稍微用力往外拉就可以了。

很快，魔鬼氈就進入服裝界，與拉鍊、紐扣形成了三足鼎立的局面。

其實，為什麼這個世界只有少數的人能成為發明家？並不是因為這些人的智力超群，而是因為他們有一雙善於發現的眼睛。例如，對於牛蒡草果實，大多數人都會見怪不怪的，認為它就是長成這樣，可德梅斯特拉爾偏偏就多觀察了一下，多想了一想，從而想出了一個新發明！

診斷史上的里程碑

1895 年 11 月 8 日的一個下午，在德國的巴伐利亞，倫琴博士像往常一樣，在實驗室做實驗 —— 把裝有兩個電極的雷納管加上高壓電。其實，這項實驗本身並不新奇，當時的很多科學家都做過。

晚上，倫琴又來到實驗室，想再次觀察雷納管的發光現象。他用黑色紙套把雷納管嚴嚴實實地包了起來，接著，他關上了電燈和門窗，房間裡頓時一片漆黑，就在倫琴把雷納管接通高壓電源時，一個奇怪的現象發生了：在附近的小工作臺上，有一塊塗了氰亞鉑酸鋇的紙板居然發出了一片明亮的螢光，並且，倫琴一切斷電源，螢光就隨之消失了。

這一現象讓倫琴非常好奇。剛開始，他以為這種螢光是陰極射線形成的，不過，他很快就否定了這個判斷，因為陰極射線連幾公分以外的空氣都穿不透，而雷納管離工作臺有兩公尺多遠，陰極射線根本無法穿越這樣長的距離。

於是，倫琴將紙板移開，換上了拍照底板，結果它也產生螢光；接著，

他又在雷納管和拍照底板之間放上了鑰匙、獵槍，令人驚奇的是，鑰匙和獵槍都被清清楚楚地映照了出來；倫琴又讓夫人把手放在雷納管和拍照底板中間，結果，夫人手部的每塊骨頭以及手上戴的戒指也被映照了出來。

從那天起，倫琴就住進了實驗室，夜以繼日地進行著實驗，終於在 1895 年 12 月 28 日發表了有關 X 光的研究報告，並且在報告中，他闡述：X 光是一種電磁輻射，能夠穿透許多不透明的物體。

很快，X 光就進入了醫學領域，它的發現被人們稱之為「診斷史上的里程碑」。

這則故事告訴了大家：只要認真、細緻地觀察，就能發現別人沒有發現的東西。一個不善於觀察的人，是永遠也不可能創新的。

透過雨珠看樹葉

一些孩子在觀察一件事物的時候，剛開始還會有些興致，可是時間久了，他就會覺得沒意思，這是由於孩子缺乏動力造成的。對於這樣的孩子，家長不妨講下面這則有趣的小故事給他聽。

第一副真正意義上的眼鏡於 1286 年出現於義大利。不過，說起眼鏡的誕生，不能不提一個人，他就是 13 世紀時的英國著名學者 —— 培根。

培根很喜歡自己動手做一些小物品。在當時的英國，視力不佳的人非常普遍，培根看到許多人因為視力不好，看不清書上的文字，於是，就想發明一種工具幫助他們提高視力。為此，他想了很多辦法，做了不少試驗，但都沒有成功。

一個雨後的傍晚，培根來到花園散步，看到蜘蛛網上沾滿了晶瑩剔透的雨珠，於是，他彎下腰來仔細觀察。突然，他發現了一個奇怪的現象：透過雨珠來觀察植物葉片，可以發現它們表面的脈絡都放大了不少，連細細的絨毛都能看清。

這個發現讓培根欣喜萬分，他立即跑回家中，翻箱倒櫃，找出了一顆玻璃球，但是，透過玻璃球看書上的文字，只是一片模糊。培根又找來了一塊

鑽石和錘子，將玻璃球切割成兩半，他拿著玻璃球的一半靠近書一看，文字果然被放大了。

試驗的成功令培根欣喜若狂。他又找來一塊木片，在中間挖了一個圓洞，將玻璃球的一半鑲嵌在中間，然後，他在木片上裝了一根柄，以便於手拿。

這樣，一種方便視力不好的人進行閱讀的鏡片就做好了。這種鏡片後來經過不斷改進，終於成了現在人們佩戴的眼鏡。

雖然培根的發明還不能算是真正意義上的眼鏡，但他卻提供了思路給後來的人。所以說，培根為眼鏡的最終發明做出了巨大的貢獻。

孩子善於觀察的習慣是可以培養的。如果一個人不愛觀察，做什麼事情都是毛毛躁躁、缺乏耐心，那他肯定什麼事情都做不好。

培根之所以能從蜘蛛網上的雨珠中得到啟發，是因為他原本就善於觀察，富有耐心，懂得從日常生活中尋找自己需要的靈感與答案，所以他才獲得了成功。

玻璃棒上的新發現

尼龍的學名叫聚醯胺纖維，它是一種合成纖維，是從煤、石油及天然氣中提取出來的。在日常生活中，用尼龍加工、製作的物品隨處可見，然而，尼龍的發明完全稱得上是一個偶然。

過去，人們製作衣服的材料主要來源於植物，如棉花、苧麻等。1884年，法國科學家查唐納脫發明出了人造絲，由它織成的衣服漸漸在上層社會流行起來。1928年，當時美國最大的化工企業 —— 杜邦公司成立了基礎化學研究所，年僅32歲的卡羅瑟斯博士受聘擔任該所的有機化學研究負責人。卡羅瑟斯原來在著名的哈佛大學擔任有機化學教授，他富於想像、勤於動手，其刻苦鑽研的精神有口皆碑。

1932年夏季的一天，卡羅瑟斯像往常一樣穿著白大褂，早早地來到自己的實驗室。這時，細心的他注意到，一根玻璃棒的尖端上沾有一些乳白色細

絲，他拿起來仔細看了看，發現它們是由上一次做實驗時沒有及時清洗掉的聚醯胺形成的，卡羅瑟斯非常好奇地用力拉了拉，他驚訝地發現，這根細絲不但能伸長，強度也很大。

就是這一瞬間，卡羅瑟斯的腦子裡閃過了一個念頭：是不是可以把做實驗剩下的聚醯胺再加以利用呢？聚醯胺是一種化合物，在此之前是被當作化學廢料處理的，卡羅瑟斯重新把它們拿來研究，看看能否產生類似人造絲的物質。

三年後，被稱為「尼龍」的人造纖維終於由卡羅瑟斯研究出來了。

在日常生活中，到處都隱藏著祕密，到處都有發現的機會，天天是發現之時，處處是發現之地。如果能善於觀察，小心地捕捉奇怪的現象，努力地尋找它的原因，那麼你也能擁有自己的發現。

青黴素的發現

青黴素的發現也是一則有趣的故事。

英國聖瑪利醫學院的細菌學教授 —— 弗萊明早就希望發明一種有效的殺菌藥物。

1928 年，當他正在研究毒性很大的葡萄球菌時，忽然發現，原來生長得很好的葡萄球菌全都消失了，這是什麼原因呢？經過仔細觀察後，他發現，原來有些青黴菌掉到那裡去了，顯然，消滅這些葡萄球菌的，正是青黴菌。

這一偶然事件，影響藥物青黴素及其一系列抗生素的發明，而這也是現代醫藥學中的重要發現之一。

「踏破鐵鞋無覓處，得來全不費工夫。」其實，工夫是花了的，而且花得很大，全花在「覓」字上，那證據就是「踏破鐵鞋」。如果弗萊明不是存心在「覓」，那他面對再偉大的發現，也會視而不見。

在日常生活中，大家不僅要善於發現，更要善於從已有的發現中找出與之相關的東西。只有那些對問題有過長期的苦心鑽研，並且下過大工夫的人，才會有高度的敏感性，也才可能達到成功的彼岸。

風浪中的船

古時候，有個叫趙明的捕頭，他精明能幹，並且善於觀察。

有一次，他帶了幾個衙役正在河邊巡視，忽然颳起了大風。這時，迎面駛來了一艘小木船，船上看起來沒裝什麼貨物，卻行駛得十分平穩，這引起了趙明的注意，他略加思考之後，決定上船察看。

幾個衙役在船艙裡仔細察看一番，也沒看出什麼破綻。趙明提出要撬開船板看底艙，船主驚慌起來，但又不能不照辦，打開底艙一看，裡面果然藏了不少東西，經過當場訊問得知，原來底艙藏的正是趙明所要追查的一批贓物。

趙明之所以發現了小船上的贓物，是因為他觀察到了颳大風的時候，這條小船仍然能平穩行駛的這一個反常現象，將現象連繫到生活中的現實，他知道底艙裡一定藏有貨物，因此上船搜查，並追查到了贓物。

這個故事告訴大家，在日常生活中，光有觀察力還是不行的，還應該將觀察到的現象與學到的知識連繫起來，這樣才能更好地解決問題，更好地創新。

糖果商的新主意

只要善於觀察，有時候會有一些意想不到的發現與收穫。糖果商羅賓就是透過觀察孩子玩遊戲，而得到新點子的。

在 1920 年代的英國，有一個名叫羅賓的糖果商，他擁有一家糖果廠和幾個小店鋪，但銷售狀況都不理想。眼看著糖果的銷量越來越少，羅賓整天都在想：怎樣才能讓小孩子都來買自己生產的糖果呢？

有一天，羅賓無意中看到一群孩子在玩遊戲，他立即就被吸引住了。

原來，孩子們拿出了 10 顆糖果，把它們平均放進 5 個口袋裡，然後再由一個孩子把一顆「幸運糖（這顆糖比其他的糖大）」放進其中的某個口袋，不許別人看見。接著，大家隨意選擇一個口袋，拿到「幸運糖」的人就可以享受特權。比方說，他可以做皇帝，其他人就是臣民，於是，每人都要向他

獻上一顆糖……。

羅賓思索著這個奇怪而又有趣的遊戲規則，突然，一個靈感闖入他的腦海，令他欣喜若狂。

當時，很多糖果都是以一分錢一顆的價格賣給小孩的。羅賓在糖果裡包了一分錢的銅幣作為「幸運品」，並在報紙、電臺上打出廣告——「打開，它就是你的！」

這一招很有效。如果你買的糖果裡包有銅幣，那就等於這顆糖完全免費。羅賓又把糖果的品牌改為「幸運」牌，這下子，孩子們都去買他的糖果吃。很快，「幸運」牌糖果的銷量迅速上漲。

後來，羅賓更進一步，例如買中「運動」糖的小朋友不僅不用給錢，還可以得到另外的糖作為獎勵，接著，他又在糖果包裝袋中放進了其他物品，例如玩具、連環畫、手槍等。這些技巧使羅賓的銷售額始終處於同行的前列。

孩子的遊戲，在許多大人看來，似乎不值一提，他們會認為，那不過是一些幼稚的遊戲罷了。可是，羅賓就不這麼想，他不僅認真觀察孩子的遊戲，還從遊戲中得到了啟發，從而有了自己的行銷創意。

小居禮夫婦痛失中子

在日常生活中，很多孩子之所以在觀察的時候沒有收穫，不是因為他觀察的不認真，而是因為心裡沒有目的。如果您希望自己的孩子懂得觀察，並且察有所獲，就應該引導孩子有目的地進行觀察，因為這樣才能有所收穫。

中子是原子核的重要組成部分。中子的發現不僅有著重大的理論意義，而且在核子物理的應用中有著重要的價值，無論是核子反應爐還是原子彈的發明，都離不開中子的發現。

中子在放射性和原子核物理學的研究中，很難捕捉。就連居禮夫人的女兒伊雷娜・居禮和女婿約里奧・居禮（小居禮夫婦）與它迎面相遇，也沒有識破它。

小居禮夫婦都是物理學家，他們繼承了居禮夫婦的事業，繼續從事放射

性和原子核物理學的研究。他們一開始從事的研究，是用釙元素發出的強烈射線來轟擊石蠟，想看看得到了什麼，結果他們發現，石蠟裡打出了質子。

1928 年，物理學家博特和他的學生貝克爾在研究放射性元素的蛻變時，用 α 粒子轟擊鈹靶，結果發現了一種新的射線，經研究，他們發現這是一種穿透性很強、能量很強的射線。這是什麼，他們沒有仔細追究，只簡單認為這是一種伽馬射線。

直到 1932 年 1 月 18 日，小居禮夫婦得出觀察結果：他們用釙的一種射線當粒子炮彈，用它來轟擊石蠟，居然把原子核裡面的質子轟擊了出來。

用來轟擊的「炮彈」是中性粒子。當時，人們知道的中性射線只有伽馬射線，它是一種光子流，小居禮夫婦毫不懷疑，認為當作射線源的釙元素發出的「炮彈」就是伽馬射線。

但他們還是發現有點不對勁，伽馬射線是光子流，質量微乎其微，而質子的質量對光子來說，就好比大象對螞蟻，用伽馬射線轟擊出質子來，就相當於用一個高速的乒乓球推動一顆鉛球那麼困難。

怎樣用理論解釋這一現象呢？方法只有兩種：一種辦法是驗證炮彈是否真的是光子流；另一種辦法是提供附加條件，說明在特殊條件下小質量的光子流能打出大質量的質子來。

小居禮夫婦沒有懷疑「炮彈」是不是真的伽馬射線，就做了理論的假設，即這種伽馬射線的能量特別大，能夠打出質子來。

英國卡文迪許實驗室得到這個消息後，實驗室主任拉塞福並不認同小居禮夫婦的假設，他認為，伽馬射線無論如何是絕對打不出質子來的，他的學生查兌克想起了拉塞福在一次講座中提出的一個假設：一個電子打進原子核裡，與帶正電的質子相結合，會形成一個中性粒子。查兌克馬上想到，這種轟擊出質子的未知粒子可能就是拉塞福提出的中性粒子，經過一系列的實驗，他測定了這種中性射線的性質，發現它果然是一種質量相當於質子，而無電性的粒子，於是為它取了個名字 —— 中子。

不久，查兌克在《自然雜誌》上發表了關於中子的論文，小居禮夫婦看

了論文，兩人如夢初醒，悔恨自己居然一點也沒有抓住那麼明顯的破綻。約里奧‧居禮連連用手拍著自己的腦袋說：「我多麼傻，我多麼傻。」實際上，他們已經發現了中子，並且還發現了由它轟擊出來的質子。

查兒克由於發現了中子而獲得諾貝爾物理學獎，而小居禮夫婦卻沒能分享這個榮耀。但是，小居禮夫婦並未氣餒，他們相信自己會在這個前端領域的其他課題上有新的發現，獲得諾貝爾獎的機會還有很多，果然，不久之後他們倆發現了人工放射性元素，由於這項成就，他們在獲得了諾貝爾物理學獎。至此，居禮家族一家人中，小居禮的父親、母親、丈夫及自己，共有四個人五次獲得了諾貝爾獎，其中，居禮夫人曾兩次獲獎，如果小居禮夫婦抓住中子的破綻，不浪費那次發現的機會，那麼他們完全有可能再得到一項諾貝爾獎級的發現。

有些時候，大家觀察一件事物時，不要只是為觀察而觀察，還應該有目的地觀察，並且做好發現新問題的準備。

故事中的小居禮夫婦之所以與中子擦肩而過，並不只是一時的疏忽和大意造成的，而是因為他們沒有思考過存在中性的、質量與質子相同的新粒子的可能。正是由於缺乏一個有準備的頭腦，因此當中子偶然現身時，小居禮夫婦也就不可能識別它，從而導致相逢不相識。

查兒克則不同，他聽過老師關於中子可能存在的理論，做好了發現新問題的準備。有準備的頭腦一旦發現了新問題，就會迅速地抓住，從而獲得被他人忽視了的成功。

給家長的悄悄話

一位教育名家曾充滿深情地說過：「我最愛孩子熠熠發光的眼睛，因為那是求索的眼睛，是追問的眼睛，是善於思考與觀察的眼睛。」可是，在今天，許多孩子眼神渙散，做起事來漫不經心，對生活缺乏敏銳感知力與觀察力。

案例一：小強已經讀國二了，可他總會寫錯字，例如補衣服的「補」會寫成「捕」，祖國的「祖」會寫成「組」。老師平時不知提醒他多少次了，他卻依然在每次檢查時「視而不見」……。

案例二：小麗每次寫作文總難以下筆，覺得沒什麼東西可寫，因為別人對某一事物可以發現很多方面，而她卻看不到。

案例三：有一天，多多、南南跟媽媽從阿姨家回來，爸爸問：「你們今天看到什麼人啦？」南南漫不經心地說：「看到很多人啦！」而多多則開心地說：「有表妹、阿姨和姨夫，還有姨夫的爸爸媽媽！」接著，多多開始比劃了起來「姨夫家的小白兔很漂亮，眼睛紅紅的，尾巴長長的，三瓣嘴……。」問南南，南南又「哦」了一聲說「好像是有一隻小白兔。」原來，南南一到阿姨家就專心致志地看電視去了。

以上的這些情況是什麼原因造成的呢？如何改變呢？並且，在改變的過程中又應該注意什麼呢？

造成孩子觀察能力低下的原因

專家分析，孩子的觀察能力除了一定的遺傳影響之外，更多會受環境和教育的影響。現在的孩子，面對的誘惑很多，承受的壓力也很多，一些孩子之所以觀察能力低下，歸納起來有以下幾個方面的原因：

1. **家長擠占孩子的時間，造成孩子的觀察能力低下**：在日常生活中，有很多家長愛子心切，總希望自己的孩子能贏在起跑點，於是，除了讓孩子學好學校的功課以外，還讓孩子無休止地上各種補習班。家長這樣的做法，除了讓孩子日漸疲乏，對很多事情失去興趣以外，別無其他好處。當然，也正是因為孩子缺少自己的時間，所以他的觀察能力會變得越來越差。

2. **外界的誘惑過多，讓孩子沒有辦法靜下心來**：電視、電玩、網路等，無一不讓孩子動心，愛玩是孩子的天性，是無可厚非的，但孩子的注意力老被這些東西吸引，他又怎麼能分出心來認真觀察與思考呢？

3. **缺乏觀察的興趣**：例如，為了寫一篇老師布置的「觀察」作文，孩子不得不對某些自己原本就不感興趣的事物進行觀察，由於本身並無興趣，加上缺乏大人的指導，孩子總是草草了事，匆匆忙忙就交付了自己的「任務」。長此以往，非但不能培養孩子觀察的興趣，還會讓他心生牴觸。

正是以上三個原因，影響了孩子觀察能力的發展，使他們「視力模糊」、「目光無神」。因此，家長應從小對孩子進行觀察能力的培養，並為他創造良好的環境和條件，幫助他拓寬視野，從而使他變得勇於觀察、善於觀察。

培養孩子觀察能力的方法

在日常生活中，家長應按以下幾個方面來培養孩子的觀察能力：

1. **培養孩子觀察的興趣**：觀察力就是指一個人對事物的觀察能力，而思考在觀察中又起著重要的作用，所以有人將觀察稱為「思考著的知覺」。

觀察興趣必須在觀察的實踐中培養。家長可以有計畫、有選擇地引導孩子去觀察他所熟悉、喜愛的事物，例如，經常帶孩子觀察大自然，參加旅行、參觀等活動，不斷豐富孩子的觀察內容。

在孩子進行觀察時，要圍繞所觀察的事物或現象，講一些相關的科學道理或傳說故事，以激發他的興趣。例如，孩子發現樹葉有稠密的一面，也有稀疏的一面時，家長可引導他進行有關的思考活動。

在引導孩子觀察時，還要注意啟發他對觀察到的現象多問幾個「為什麼」，以使他養成有目的、有計畫、有選擇的觀察習慣。

2. **明確觀察目的**：家長應幫助孩子擬訂觀察計畫，讓孩子明確觀察的事物、任務、步驟和方法，有計畫、有系統地進行觀察，觀察目的越明確，孩子的注意力就越集中，觀察也就越細緻、深入，觀察的效果也越好。

孩子在觀察中，有無明確的觀察目的，得到的觀察結果是不相同的，例如，父母帶孩子去公園，漫無目的地東張西望，轉半天，回到家裡，也說不清看到的事物。如果要求孩子去觀察公園裡的小鳥，那麼孩子一定

會仔細地說出小鳥的樣子，羽毛的顏色、眼睛的大小、聲音的高低等。這樣孩子就能有的放矢地去觀察，從中獲得更多的觀察收穫。

3. **拓寬孩子的視野，讓他見多識廣**：觀察力的高低與孩子視野是否開闊有關，孤陋寡聞的孩子缺少實踐的機會，觀察力必然受到影響。因此，從孩子幼小的時候，家長就應該盡可能地多讓他感知客觀事物，並引導他全面、仔細且深刻地觀察，以便孩子頭腦中累積大量的真實事物形象。

   公園、遊樂場、鄉間田園等地方都是擴大孩子觀察範圍的地方，父母要多擴展孩子的活動空間，讓孩子在優美的自然環境中遊戲、玩耍，帶他們走訪名山大川，看看長河落日、秀山麗水的自然風景，領他們到名勝古蹟、主題公園中參觀、遊戲等，讓美麗的自然景色和人文景觀陶冶孩子的性情和情操，提高他們的審美能力，啟發孩子靜態的想像思考。

4. **讓孩子利用多種器官進行觀察**：在培養孩子的觀察能力時，家長最好讓孩子透過多種感覺器官參加活動，如用眼睛看，用耳朵聽，用手摸，用鼻子聞等，親自進行實際操作，以增強觀察效果。

   例如，聽一聽水流聲和鳥叫聲有什麼不同？摸一摸真花和塑膠花的表面有什麼不同？聞一聞水和酒的味道有什麼不同？還可以和孩子一起種些花草樹木，養些小動物，指導他們對此留心觀察，例如，看看花草的幼芽如何破土出來？花謝後會出現什麼結果？蟲子是怎樣吃食物的？鳥是怎樣飛的？

5. **教育孩子觀察與思考相結合**：在培養孩子觀察的同時，還應引導孩子在觀察中積極思考，把觀察過程和思考結合起來。科學家看到某種奇特現象，也是要經過一番思考才能有所收穫的，這是因為接收資訊而不處理資訊，就沒有創造。父母應該教育孩子養成觀察與思考的習慣，只有這樣才能讓他的觀察能力一天天敏銳起來。

6. **教給孩子正確的觀察方法**：觀察方法是取得觀察效果的必要條件，由於孩子的年齡小，知識經驗少，自己也許不善於觀察，所以需要家長教給他必要的觀察方法，才能提高觀察力。

✧ 制訂觀察的任務和計畫：每次觀察活動，要定好明確的目的和方向，並預先規定好觀察任務，以保證觀察的全面、細緻、清晰、深刻。

✧ 從不同角度進行觀察：只從一個角度、方面去看事物，無異於盲人摸象。應多啟發、鼓勵孩子嘗試從另一個角度、另一個觀念去看同一個問題，從而改變他的慣性思維，使他能發現更多問題，也就產生了更強的觀察興趣。

✧ 注意細節：讓孩子注意細節，觀察別人沒發現的問題，久而久之，也就形成了勤觀察、認真觀察、會觀察的良好習慣。

✧ 養成寫觀察記錄的習慣：讓孩子多動筆，隨時記錄觀察情況，有利於整理和保存觀察結果，以便於他日後利用。

✧ 多動腦筋思考：在觀察時，要邊看邊想，學會分清本質與現象，從而提高其觀察能力。

培養孩子的觀察能力，家長不能說以下的話：

1. 「**這都發現不了，你真的太笨了。**」：很多家長在陪孩子做觀察遊戲的時候，因為孩子總沒有辦法很快有「新」發現，不耐煩之餘，家長便可能突然說出這樣的話來，說多了，孩子自然就會失去觀察的興趣，因為認真觀察還要受批評。

2. 「**還是人家 ×× 比較聰明。**」：一些家長喜歡拿孩子進行比較，目的是為了刺激「落後者」，使其產生追趕領先者的決心。可實際上，孩子若經常處於弱勢，便會產生自卑的感覺，覺得自己真的不如別人，而這對於孩子自信心的培養是不利的。

3. 「**我對你太失望了。**」：當孩子一而再、再而三地做錯某些事情時，家長因為恨鐵不成鋼，讓唇齒成了傷孩子心的利刃，一不小心就讓孩子自尊掃地。一個經常「讓家長失望」的孩子，一定不會讓家長看到「希望」！

教學加油站

家長應該知道的道理：

1. **孩子出色的觀察能力，並不是一朝一夕就能培養起來的**：這不僅需要家長對孩子傾注一定的關心，還需要理解他，讓他的觀察能力隨著年齡的增長而變得越發敏銳起來。

2. **多說激勵孩子的話**：即使孩子沒有觀察全面到位，也不要苛刻地指責孩子，讓他覺得自己確實太差了。這樣做不僅能幫助孩子樹立自信心，還能幫助他提高觀察的能力。

3. **多說表揚孩子的話**：孩子就是一棵可以塑造的好苗子，你越往好處說，孩子就越向你所期待的方向發展。因此，家長應該多表揚孩子，這樣做不僅能幫助孩子樹立信心，還能讓他意識到自己的潛力，正所謂「一舉兩得」，何樂而不為呢？

第十章　讓思想衝破牢籠

一個圓，在孩子看來，它可以是太陽，可以是月亮，可以是車輪子，還可以是啤酒瓶的蓋子，可是在大人看來，它就是一個圓圈，沒有什麼出奇的。

這是為什麼呢？為什麼同是人的思考，大人和小孩卻有這麼大的差異？這是由於孩子還沒有受到固有經驗的限制，因此，他們眼中的世界更絢麗多姿。

如果希望自己的孩子一直保持著這種創新的思考潛能，那麼請允許他們用自己的方式思考問題，唯有如此，孩子的思想才不會被慣性的牢籠所限制。

讓孩子改變慣性思維

關於慣性思維，有這樣一個耳熟能詳的故事。

一家馬戲團突然失火，人們四處逃竄，雖然沒有人員傷亡，但馬戲團裡那隻值錢的大象卻被活活燒死了。為此，老闆抱怨大象太笨了，不就是用一條細小的繩子綁著嗎？這樣都不懂得跑啊！

原來，當這頭大象小時後被捕獲時，馬戲團老闆害怕牠會逃跑，便以鐵鍊鎖住牠的腳，然後綁在一棵大樹上，每當牠企圖掙脫時，牠的腳都會被鐵鍊磨得疼痛和流血，經過無數次的嘗試，牠還是沒有成功逃脫。

於是，在牠的腦海中形成了一個慣性思維：只要有條繩子綁在牠的腳上，牠便無法逃脫。

當牠長大後，雖然綁在牠腳上的只是一條細小的繩子，牠也不會再做自認為徒勞無功的努力。

這就是慣性思維的可怕之處。因為受固有觀念和經驗的限制，不懂得變通，導致大象丟了性命。無獨有偶，生活中關於慣性思維的故事並不少見，下面還有一則。

有一頭可憐的驢子背著幾麻袋沉甸甸的鹽，雖然累得呼呼直喘氣，但不得不邁著艱難的腳步繼續前進。

突然，驢子的眼前出現了一條小河。驢子走到河邊沖了沖臉，喝了兩口水，這才覺得有了力氣。牠準備過河了，河水清澈見底，河床上形狀各異的鵝卵石很光滑，看得清清楚楚，牠只顧欣賞美景，一不留神，蹄子一滑，「撲通」一聲摔倒在小河裡，好在河水不深，牠趕緊站了起來，奇怪！牠覺得背上的分量輕了不少，走起來再也不感到吃力了。牠心想：「看來，這河水是魔水，我得記住，在河裡摔一跤，背上的東西便會輕了許多！」

不久，驢子又運東西了，這次牠馱的是棉花。裝棉花的口袋看起來很大，可分量並不重，驢子馱著幾大袋棉花，走起來顯得很輕鬆。啊！前面又是那條小河了，驢子想起了上次那件開心的事，心裡真是高興：「背上的幾

袋雖說不重，可再輕一些不是更好嗎？」

於是，牠喝了幾口水，向河裡走去。到了河中心，牠故意一滑，「撲通」一聲又摔倒在小河裡。這次驢子可不著急，牠故意慢吞吞地站了起來。哎呀！太可怕了，背上的棉花變得好重啊！比那可怕的鹽袋還沉重幾倍！

驢子好不容易走上岸，卻怎麼也想不明白為什麼河水能讓重的變輕，也能讓輕的變重。

可憐的驢子並不知道，這個世界上沒有一成不變的事物，也沒有放諸四海皆準的真理。因此，牠用過去的那點經驗做事，難免落得可笑又可悲的下場。

在日常生活中，如果孩子同樣不懂得用變化的眼光看問題，也可能會像上面故事中的驢子一樣，鬧出笑話來。因此，家長應從小培養孩子善於變通的思考，讓他在遇到事情時，能做到舉一反三、觸類旁通。

要讓孩子做到善於變通，家長還應注意：在日常生活中，如果孩子提出了什麼怪問題，做出了什麼怪事情，想出了什麼怪主意，這些都是孩子的思考善於創新的表現，家長不要不分青紅皂白，一概指責，而是要分析對錯，因勢利導。只有這樣，才能讓孩子的創造性思考得到更好的發展。

小提醒

在日常生活中，思考缺乏變通的孩子，具體有哪些表現？

1. 只按固定的模式做事情，不喜歡嘗試新的東西。
2. 在解題的時候，思考缺乏變通的孩子，只會按照老師教的方法解答問題。如果老師沒有要求，或者沒有教，孩子也不會想透過其他的方式解答問題。
3. 孩子對大人過分依賴，總擔心自己做不好事情。如果失去了依賴，他就會手足無措。
4. 思考不會變通的孩子往往喜歡人云亦云，缺少主見。
5. 不善於質疑，比較聽話，因循守舊。
6. 不善於運用自己的頭腦思考，需要別人給他標準答案。

7. 思考呆板、機械，說出的話毫無新意。

以上是思考不會變通的孩子的具體表現。如果您的孩子有以上傾向，身為家長，應引導他克服依賴心理，讓他學會相信自己，並且勤於動腦，用多種方法解決問題。久而久之，孩子就能慢慢地衝破思想的牢籠，變得更加聰明。

講個「楚人裝虎」的故事

馮濤是國小三年級的學生，這孩子玩性大，按他爸爸媽媽的話講，他對學習不「敏感」。這孩子對學習不「敏感」到什麼程度呢？例如，今天數學老師教了乘法運算，那麼在做題的時候，他就不管三七二十一，只要看到數字，就拿去乘，弄得笑話頻出，而老師拿他一點辦法都沒有。最後，老師只好跟馮濤的爸爸說：「您的孩子做事好像一根筋，不懂得變通，我沒轍了！」

爸爸媽媽也對不愛讀書的馮濤頭痛不已。

一天放學後，媽媽對馮濤說起了下面這則故事。

楚國有一個深受狐狸禍害的人，他想方設法抓狐狸，但都沒有捉到。

別人教他一個辦法，說：「老虎是山中猛獸之王，天下的野獸看見了牠，都會嚇得失魂落魄，趴在地上等死的。」於是，他找人做了一個老虎模型，拿一張老虎皮蒙在上面，然後放在窗下。狐狸溜進來看見老虎，叫了一聲便跌倒在地上。

又一天，野豬糟蹋他田裡的莊稼，他又叫人把老虎模型拿去埋伏起來，再叫自己的兒子拿著戈在大路上把守著。田裡的人一起叫喊，野豬奔逃到樹叢，恰好遇到老虎模型，嚇得轉身就往大路上跑，一下就被捉住了。這個楚國人高興極了，他以為老虎模型可以降服天下所有的野獸，一次，野外出現了一隻獅子，他又披著老虎模型迎上去。

別人勸阻他說：「這是獅子啊！真老虎都不輕易和牠對抗，如果你去了的話，一定會遭殃的。」但是，他不聽勸告，到了野外，獅子一見到他，便

大吼一聲沖到他面前，把他抓住，並且用力地咬。於是，這個楚國人就被獅子咬死了。

馮濤聽完故事以後，哈哈大笑起來，說道：「媽媽，這世界上真有這麼蠢的人嗎？哪有對付任何敵人都只用同一個辦法的啊！」笑著笑著，馮濤就有點不好意思了，他撓撓頭說：「媽媽，您這不是說我吧？」

媽媽趁機跟馮濤說：「你也知道只用同一個辦法來解決不同問題的做法是行不通的，要因地制宜，因時變換，對付不同的敵人用不同的辦法。對待學習中的難題，也是一樣的道理，你說對嗎？」

馮濤鄭重地點了點頭說：「媽媽，您放心吧，我肯定不會再那樣了。不然的話，我不就跟那個愚蠢的楚國人一樣了嗎？」

備選故事任您挑

一則揭示慣性思維不可取的故事只能給予孩子警醒，讓他對自己以往的行為有所反思，但這未必適用於所有孩子，因為，不是所有孩子都因循守舊，都喜歡依附他人的觀點。孩子也渴望突破枷鎖、渴望創新。

因此，讓孩子學會如何突破自己固有的定式思考是關鍵。對於孩子思考不會變通的問題，需要家長做到具體情況具體分析，並找出導致孩子思考不夠靈敏的原因所在，以便對症下藥。

倔強的農夫

在日常生活中，墨守成規的孩子並不少見，他們惟老師的話是聽，認為老師的話就是聖旨，就是標準答案。這種沒有原則的依從與守舊是孩子創新道路上最大的敵人，因為不敢質疑和反駁，就永遠也不可能有創新。

如果你的孩子也是這樣一個「聽話」但缺乏主見的「乖寶寶」；一個只相信標準答案，不相信自己的「守舊者」。那麼，您不妨找個機會講講下面這則故事給他聽。

從前有一個農夫種了 5 畝地。這一年恰逢乾旱，農夫只得一擔一擔地從很遠的河裡挑水來灌溉。

一個工匠看見農夫這樣辛苦，便告訴他，自己願意幫他做一個水車，比用水桶挑輕鬆多了，而且灌溉農田很有效。

農夫卻說：「謝謝你的好意，但等你做好水車，我的禾苗早就乾死了。我還是用水桶挑比較實在，你走吧，我不需要水車。」

農夫挑的那一點水怎麼能滿足田裡禾苗的需求呢？很快，田裡就光禿禿了。

這則故事告訴我們不能總是滿足於現有的狀況，因為世界是發展變化的，我們也應該用發展的眼光去看待事物。對待新的觀念和事物，不能故步自封，要勇於嘗試和創新。用更好的辦法去解決問題，往往能收到事半功倍的效果。從孩提時代養成以上良好的創新習慣，就不至於被時代所淘汰。

小鱷魚的選擇

你的孩子是否經常說「我不懂，這是老師說的」、「我不知道啊，人家說這是自然規律」、「反正別人都這麼做了，我這麼做也錯不了」之類的話？

如果是的話，請與他一起，讀一讀〈小鱷魚的選擇〉，看看小鱷魚在面臨困境的時候是說「不」，還是說「我爭取」。

在乾旱的非洲大陸上，一群飢渴的鱷魚身陷在水源快要斷絕的池塘中，較強壯的鱷魚已經開始對同類弱肉強食了。

這時，一隻勇敢的小鱷魚，卻起身離開了快要乾涸的池塘，邁向未知的大地。乾旱持續著，池塘中的水越來越混濁、稀少，最強壯的鱷魚已經吃掉了不少同類，而剩下的鱷魚看來也難逃被吞食的命運。但是，即使這樣依然見不到有其他鱷魚離開，棲身在渾水中，等待遲早被吃掉的命運，總比走向完全不知水源在何處的大地要安全些。

池塘終於完全乾涸了，唯一剩下的大鱷魚也不耐飢渴地死去，牠到死還守著自己的「殘暴王國」。可是，那隻勇敢離開的小鱷魚呢？在經過多天的跋

涉，幸運的牠並沒有死在半途上，最後，找到了一處水草豐美的綠洲。

孩子，一直以來，人們都認為「物競天擇，適者生存」是亙古不變的道理。可事實上並不是這樣，故事中的小鱷魚並非強者，但牠懂得只有改變，才有生存的機會，如果不思改變，即便有幸不被強壯的鱷魚吃掉，最後也必然要餓死在那個乾涸的池塘裡。

因此，大家應該用長遠的眼光看待問題，不要盲目守舊、墨守成規，只有這樣才能在今後的社會生活中擁有自己的一片天空。

不要死守陳舊的觀念

某天夜裡，一位盲人堅決拒絕了朋友一家人請他留宿的好意，執意要回家。他說：「這條路我不知走過多少回了，熟得很！」

朋友勸道：「可是現在天黑了，不比白天啊！」

「白天、黑夜，對我們盲人來說，都是一樣的。你放心，這條路有多少溝溝坎坎，我熟得很。再說，黑夜走路對我們盲人來說更有利，沒有來來往往的人和可怕的車！」

朋友一家人沒辦法，只好遞給他一個手電筒，說：「拿著吧，說不定路上用得著！」

盲人難辭朋友一家人的好意，只好接過手電筒一個人上路。

在一團漆黑的路上，他關掉手電筒開關，心裡還嘲笑著朋友一家人，怎麼這麼粗心，要知道，手電筒對一個走夜路的盲人來說，不是等於廢物嗎！

不料正想著，迎面走來一位莽漢，一頭撞到盲人身上，兩個人同時掉進臭水溝裡。莽漢從臭水溝裡爬出來，生氣地罵道：「你瞎啦！為什麼不開燈！」

「我瞎你也瞎了嗎？」盲人冷得直打哆嗦，說著便打開了手電筒。

莽漢仍然罵罵咧咧道：「伸手不見五指，有手電筒也不開，神經病！」

盲人全身都溼透了，回到家已冷得說不出話來。

俗話說得好：「瞎子點燈——白費。」可是，在現實生活中，這個觀點已經行不通了，因為瞎子點燈，自己確實是看不見，但點了燈，卻能夠讓別人看見自己，這樣，在走夜路的時候，才不至於被別人撞到。

如果故事中的盲人懂得這個道理，就不至於落得掉進臭水溝的下場。可見，有些時候，解決一個問題，不能只從一個角度想問題，只有放開思路，才能有所創新。

土人穿鞋子

美國有一家鞋廠，為了擴大市場，老闆派了市場經理傑克遜到非洲的一個島國做市場調查。

這天，傑克遜來到了這個島國，到達當日，他就發現當地人，從國王到貧民、從僧侶到貴婦，都赤著腳，沒有人穿鞋子。於是，他非常沮喪，當晚就向老闆發了一封電報，電報上說：「上帝啊！這裡的人從不穿鞋子，有誰還會買鞋子？我明天就回去。」

老闆接到電報後，思索良久。最後，他吩咐另一名市場經理板井去做實地調查。

當這位名叫板井的市場經理來到這座孤島上，一見到當地人們都沒穿任何鞋子的時候，竟然興奮萬分，一回到旅館，馬上發電報給老闆：「此島居民無鞋穿，市場潛力巨大，快寄一萬雙鞋子過來。」兩年後，這裡成了這家鞋廠的最大銷售市場。

這就是兩名市場經理的思考差別導致結果的天壤之別，同樣一個島國，同樣面對赤腳的島國居民，由於思考差別，一個人灰心失望，不戰而敗；而另一個人滿懷信心，大獲全勝。

這則故事說明了，任何事情都具有兩面性，從不同的角度去看，會看到不同的結果，重要的是，你是從什麼角度去看待它。

神祕之結

西元 233 年冬天，馬其頓的亞歷山大大帝出兵亞細亞。當他到達亞細亞的弗尼吉亞城，聽說城裡有個著名的寓言：幾百年前，弗尼吉亞的戈迪亞斯王在其牛車上繫了一個複雜的繩結，並宣告誰能解開它，誰就會成為亞細亞王。自此之後，每年都有很多人來嘗試解開戈迪亞斯打的繩結，但他們連繩頭都找不到，更不用說解繩結了。

亞歷山大對這個寓言非常感興趣，便命人帶他去看這個神祕的繩結。但是，亞歷山大同樣連繩頭都找不到。

這時，他突然想到：為什麼不用自己的行動規則來打開這個繩結？於是，他拔出劍來，一劍把繩結劈成兩半，這個保留了數百年的繩結，就這樣被輕易地解開了。

對於世人都難解的難題，運用新奇的思考，變換一下姿態，再運用勇氣與膽魄，或許就有可能獲得最佳答案。這就像面對一扇打不開的希望之門一樣，換一把鑰匙，它或許就會為你敞開。墨守成規不可能產生創新力，更無法使人脫離困境。

別讓門關住你自己

一個木匠做門的技術非常好，他為自己做了一扇門，他認為這門用料實在、做工精良，一定會經久耐用。

後來，門上的釘子生鏽了，掉下一塊板，木匠找出一枚釘子補上，門又完好如初；後來，又掉下一枚釘子，木匠就又換上一枚釘子；後來，又有一塊板壞了，木匠找出一塊板換上；後來，門閂損了，木匠換了一個門閂……。

於是，若干年後，這扇門雖破損過無數次，但經過木匠的精心修理，仍堅固耐用，並且，木匠對此非常自豪。

忽然有一天，鄰居對他說：「你是木匠，你看看你家這門。」

木匠仔細一看，才發覺鄰居家的門一扇扇全都樣式新穎、質地優良，而自己家的門卻又老又破，滿是補丁。於是，木匠明白了：自己的這門手藝阻

礙了自家門的更新換代。

　　行業上的造詣是一筆財富，但也是一扇門，會在無形中關住自己。故步自封、墨守成規，只能將事情辦糟。思考要隨事物的變化而變化，只有這樣你才能適應社會的發展，而不讓自己的長處絆住自己。

人生的大門沒有鑰匙

　　兩個兒子大了，老富翁一直在苦苦思索，到底要讓哪個兒子繼承遺產？

　　富翁想起自己白手起家的青年時代，忽然靈機一動，找到了考驗兩個兒子的好辦法。

　　富翁鎖上家門，把兩個兒子帶到一段距離外的一座城市裡，然後交給他們一人各一串鑰匙和一匹快馬，看誰先回到家，並把家門打開，就讓誰繼承遺產。

　　由於馬跑得差不多快，所以兄弟倆幾乎是同時回到家的。但是，面對緊鎖的大門，兩個人都發愁了。

　　哥哥左試右試，始終無法從那一大串鑰匙中找到正確的那把鑰匙；弟弟則苦於沒有鑰匙，因為他光顧著趕路，鑰匙不知什麼時候掉在了路上。

　　兩個人急得滿頭大汗。突然，弟弟一拍腦袋，有了辦法，他找來一塊石頭，幾下子就把鎖砸開了。

　　自然，繼承權落在了弟弟的手裡。

　　人生的大門沒有鑰匙，在命運的關鍵時刻，最需要的不是墨守成規的鑰匙，而是一塊砸碎障礙的石頭！

給家長的悄悄話

　　人們可以透過思考來了解、感知一些不能直接反映的事物，能透過現象看本質，掌握事物之間的規律性連繫，並借助一種事物了解其他事物，間接預見、推知事物的發展和未來。思考能力是一個人進行思考的能力，它是未

來創新型人才的必備素養之一，也是檢驗孩子智力水準的一個重要依據。

提高孩子的思考能力，特別是創造性思考能力，是家長必須重視的。孔子曾說過：「學而不思則罔，思而不學則殆。」如果孩子的思考能力不高，那麼他不僅在學習中得不到收穫，更不會有創造力的發展。

關於如何培養孩子的創新思考能力，這裡有一個故事供家長們參考。

有一天中午，北宋著名哲學家邵康節與他12歲的兒子邵伯溫正在院子裡乘涼。

這時，院牆外邊突然有一個人探頭，朝院子中看了一圈，又縮了回去。

邵康節問兒子：「你說這個人在看什麼？」

兒子說：「八成是個小偷，想偷點東西，看見有人就走了。」

邵康節卻說：「不對。」

然後，他啟發兒子道：「如果這個人是小偷，他見到院子裡有人，肯定會立刻縮回去。但是，他明明見到院子裡有人，卻還是看了一圈，這說明什麼呢？」

兒子想了一會說：「哦，他恐怕是在找東西吧。」

邵康節又問道：「是的，但是他只看了一圈，那是找大東西，還是找小東西？」

兒子回答：「是在找大東西。」

邵康節又啟發兒子道：「那麼，什麼大東西會跑到我們院子裡來呢？那個人是農民打扮，他會來找什麼東西呢？」

這回，兒子堅定地回答：「他肯定是來找牛的。」

邵康節滿意地點頭道：「說的是，他是來找牛的。以後，你要多動腦思考，就能發現問題。」

正因為邵康節的善於啟發與引導，他兒子的思考創新能力與思考推理能力都得到了很好的發展。其實，思考是一項高級的智力活動，它有一定的規律可循，只要掌握這些規律並多加利用，就能很好地啟發孩子的思考，使他

的思考能力始終保持在活躍的狀態。

　　要啟發孩子的思考，讓他突破自己的思想牢籠，學會變通，家長可以從以下幾個方面入手：

創造豐富多彩的生活環境

　　創造性思考能力並非是無源之水、無本之木，它需要知識和經驗的累積。孩子的知識越豐富，思考就會越活躍，因為豐富的知識和經驗可以產生廣泛的聯想，使思考靈活而敏捷。而且，一旦孩子將自己所掌握的知識運用於實踐活動中，就容易出現新想法，並在實踐中增長智力，開發創造力。

　　知識和經驗來源於豐富多彩的生活，而豐富多彩的生活又能為孩子提供運用知識和經驗去解決實際問題的機會，因此，父母應努力為孩子創造一個空間廣闊、內容豐富的生活環境，使他擁有較多動手實踐、動腦思考的機會。

讓孩子有自由活動的機會

　　父母要和孩子一起玩，並且在玩的過程中，還要讓他多動腦筋、多想辦法。孩子天性活潑好動，愛模仿，見到新奇的東西，就要去摸一摸、動一動、拆一拆、裝一裝，這些都是他們旺盛求知欲的表現，父母切不可禁止或責備他們，以免挫傷其思考的積極性，應當因勢利導，鼓勵他們的探索精神，主動去培養他們愛學習、愛科學以及樂於動腦筋、想辦法、勤於動手解決問題的好習慣，從而培養他們的學習興趣和思考能力。

培養孩子提出問題和發現問題的能力

　　要使孩子養成愛提問的習慣。因為善於提出問題，往往比解決問題更難。當孩子做作業或課外閱讀時，家長都要鼓勵他提出各式各樣的問題，即使有的問題提得幼稚可笑，或者明顯錯誤，家長也不要簡單地否定，或者加以批評，而是要鼓勵這種勇於提問的積極性，並給予耐心的講解。

發展思考的各種形式

概念、判斷及推理是思考的幾種基本形式。兒童的這些思考形式仍處於初步發展階段，即他們的推理較多的是直接推理，間接推理還比較困難。例如，雖然「A 大於 B，B 大於 C，所以 A 大於 C」這類的推理他們基本上能夠掌握；但是，掌握「所有的隊員都是學生，他是隊員，所以他是學生」這類推理卻難度很大。

家長要注意到孩子的這些特點，積極而有效地進行判斷、推理的訓練。孩子形成概念、組成判斷、進行推理的能力強了，他們的思考水準也將大大地進步。

教給孩子正確的思考方法

思考方法有多種多樣。例如，歸類、排序及對比的方法，從不同的事物中找出相似之處，從同樣的事物中找出不同之處；舉一反三的方法，由一種事物說出與之相關的多種事物，由一類知識想到與之相關的多類知識，像由「打擊」聯想到「襲擊、突擊、追擊」，及至「擊敗、擊中、擊落、擊潰」等。

掌握這些思考方法，能夠使思考活躍、思路開闊。這些思考方法不是孩子頭腦裡固有的，它需要從老師、家長及其他成人的指點中獲取，也需要從與其他同學、朋友的交流中獲取，還需要從自己的反覆實踐、反覆思考中獲取。因此，在教給孩子知識的同時，要發展他的思考，教給他思考的方法，只有這樣才能讓他的創新思考能力得到更進一步的發展。

培養孩子獨立思考的能力

培養孩子的獨立性，首先要培養他的獨立思考能力。沒有獨立思考能力的孩子，就談不上有獨立性，也談不上創新能力的高低。

美籍華人科學家楊振寧曾說過：「優秀的學生並不在於一定要有優秀的成績，而在於有優秀的思考方式。」如果孩子善於獨立思考問題，則會站得更高，看得更遠。要培養孩子的獨立思考能力，就要提供一些機會給孩子

自己去獨立思考、判斷，例如什麼是對，什麼是錯？什麼應該做，什麼不應該做？

傑克在上四年級，全班要到山裡參加為期兩天的露營。傑克驕傲地告訴媽媽說自己能準備行李，然而出發前，媽媽發現他沒有帶厚衣服，可是山裡的溫度會比平地低很多。傑克拒絕帶厚衣服，媽媽也沒有堅持。

兩天後，傑克回來了，媽媽問他玩得怎麼樣，他說：「我該聽您的話，山裡很冷。」

媽媽問：「下個月我們要去佛羅里達，也帶同樣的衣服嗎？」

傑克想了一下說：「不用，佛羅里達很熱。」

媽媽說：「這就對了，外出前你應該先了解一下當地的天氣情況，再做決定。」

傑克說：「我知道了。我下次露營前應該先列張單子，就像爸爸出差前一樣，這樣就不會忘記帶東西了。」

培養孩子獨立思考的能力，就要讓孩子自己去想辦法解決自己的事情。在教育孩子的時候，家長可以給孩子一些提示，讓他自己去動手、動腦，從而使他在不知不覺之中養成獨立思考的好習慣。

啟發孩子的思考能力，家長以下的做法行不通：

★ 把自己的想法強加給孩子。家長命令孩子怎麼做，他就得怎麼做，這樣的強制教育，不但會讓孩子產生反感，還會使他形成慣性思維與思想依賴，從而不利於他的成長。

★ 以為腦筋急轉彎就是鍛鍊孩子思考的方式，於是，經常讓孩子做腦筋急轉彎的遊戲，但又不允許他有多樣化的答案，這樣容易導致他的思考越轉越彎。

★ 見孩子做作業磨蹭，為了讓他早點休息，家長不得不一次又一次的代勞，幫他做作業。

★ 當孩子遇到不會的問題時，家長不是幫孩子分析問題，讓他理清思路，

而是索性把答案與解題過程寫出來給他看，並且一邊寫，一邊責備他說：「你怎麼這麼笨呢！這麼簡單的問題都不會！」

★孩子寫作文的時候，家長為了讓他寫出一篇「出色」的作文，就要他擦掉自己原先寫好的作文，按照家長「唸」的內容重新寫。最後，這篇作文與其說是孩子寫的，不如說是家長的思路和語言而已。

教學加油站

啟發孩子的思考，家長應該知道的道理：

1. 創新活動既然是一種對未知的探索，就不可以只按大人預想的進程發展。孩子在進行創新活動的時候，遇到一些意外，受到一些挫折，是完全可以接受的。因此，家長不要干預孩子的創新活動。

2. 鼓勵孩子從多個角度來思考問題，從而讓他的思考變得越來越活躍。

3. 鼓勵孩子不斷地總結創新過程中的經驗、教訓，不要遇到一點點挫折，就悲觀失望、止步不前。

4. 引導孩子學會用不同的方法解答一個問題，從而讓他不僅能享受到解題帶來的無限樂趣，還能感受到思考開闊帶來的無限好處！

第十章　讓思想衝破牢籠

第十一章　做一個富有行動力的孩子

愛迪生曾說過：「天才是 1% 的靈感加上 99% 的汗水。」這是他的至理名言，也是他的經驗之談。這告訴大家，一旦有了創新性的想法，就要努力去實踐，如果不去努力實踐，再好的想法也會離你而去；如果你想努力去做，但因為短期內收不到成效而放棄，那麼你同樣會與成功失之交臂。因此，只有做一個富有行動力的孩子，堅持信念、持之以恆，你才能如願以償。

實踐才能出真知

人的思考能力只有在活動中才能逐漸發展和增強。計算活動，有利於發展孩子的邏輯思維；參觀、遊覽活動，有利於發展孩子的形象思考；小發明、小製作活動，有利於發展孩子的創造性思考；參與家務、遊戲活動，有利於發展孩子的擴散性思考。

有位日本醫學博士對手與腦的關係做了多年研究後，指出：「如果想培養出思想開闊、頭腦聰明的孩子，那就必須讓他鍛鍊手指的活動能力。」由此可見大腦發育對手指靈巧的重要性，而手部動作的靈敏又會反過來促進大腦各個區域的發育。這就是人們常說的「眼過百遍，不如手做一遍」的道理。

現代生理心理學的研究顯示，手與思考有著密切的連繫。人體的各個部位在大腦皮質上均有一個相應的區域，而這個區域的大小並不與身體這個部位的大小相當。在大腦中支配手部動作的神經細胞有 20 萬個，而支配軀幹的神經細胞卻只有 5 萬個，例如，與大腿相比，大拇指很小，但是大拇指在大腦中所占的區域面積是大腿的 10 倍多，這是因為大拇指負責的功能比大腿精細複雜。大腦的興奮程度能有效地調節手部的活動，從而控制手部動作的協調性和靈巧性。兒童手部動作的協調性和靈活性，已經成為衡量其智力水準的標準之一。

發明大王愛迪生還是一個賣報童的時候，就經常「泡」在自己的實驗室裡做實驗。他的全部發明都不是憑空「想」出來的，而是動手試出來的。

美籍華人、諾貝爾獎得主朱棣文也是一個善於動手的典範。

朱棣文從小就活潑好動，他的母親回憶說：「他沒有一刻閒著的時候，很淘氣，家裡的沙發，他爬上爬下，但他天資聰穎、酷愛讀書，從小就有很強的動手能力。」

童年的朱棣文就有豐富的想像力及一定的思考能力，他經常將肥皂捏成各種動物形狀，連大人看了也感到驚奇。稍大一點，他就能用小刀在木頭上雕刻飛機、軍艦等他感興趣的東西，並且，他還用自己那雙靈巧的小手製作

了許多「飛機」和「軍艦」，客廳裡到處擺放著他的傑作。

此外，童年的朱棣文還很喜歡玩積木，除了建房子模型外，他跟一般人不一樣，會到倉庫找零件，將玩具改裝成機器人，在改裝的過程中，他的機械和物理常識更加豐富，更重要的是，他不僅養成了自己動手的好習慣，還讓自己的雙手變得更加靈巧。到了國小四年級，朱棣文已經成為一名「合格的安裝工」了。他經常花費許多時間來建造一些毫無目的性的裝置，例如，把一大堆零件組裝在一起，做成一個他也不知為何物的大東西。朱棣文自己回憶說：「小時候，我經常花許多時間來製作一些無明確用途的器具。」通情達理的母親允許朱棣文進行他的「工程創作」，並且對他進行鼓勵。父母對孩子的鼓勵，充滿這個家庭，伴隨著朱棣文的成長。

朱棣文長大後還十分喜歡下廚，可能是因為他喜歡動手做一些組合、操作之類事情的緣故吧。他說：「動手下廚像實驗一樣可以訓練一個人的專注與解決問題的能力，特別是在冰箱裡找剩菜，拿僅有的材料下廚，在有限資源中求變，這種經驗、能力，對解決我日後所面臨的瓶頸，有很大的幫助。」

實踐和創新往往是孿生兄妹，實踐是創新的泉源，創新則是實踐的動力。正因為朱棣文善於動手實踐與總結，經過多年的努力，他終於獲得了巨大的成功。

正因為動手實踐有著如此重要的作用，所以家長們應從小培養孩子的動手實踐能力，因為只有動手實踐，才能驗證真理，從而做到更進一步的創新。

小提醒

> 愛動手，喜歡創新的孩子，一般有哪些表現呢？
>
> 1. 遇到不懂的事物，他們總會問「為什麼」，如果得不到答案，他們可能會透過動手實踐去解決問題。
> 2. 喜歡做小製作，例如堆積木、拼圖等，並從這些活動中找到樂趣！
> 3. 只要老師教了某一個化學式或者提到某一個物理實驗，他都會抱

著懷疑的態度，回到家裡以後自己動手做實驗，以驗證自己學到的知識。

4. 不盲目地聽信家長或老師的話，勇於質疑，有些行為上顯得不服從管教、叛逆！

5. 他們對於自己動腦想出來的東西和自己動手做出來的東西，有一種偏愛和特殊的興趣。

6. 如果您的孩子有以上的某些特徵，身為家長，不但不要壓抑孩子的行為，還應該給他提供充分的動手機會，從而讓他在動手活動中學習「創造」。

從「突破自我」談起

在日常生活中，為什麼很多的孩子不善於創新？事實上，最直接的原因，在於這些孩子不敢實踐和嘗試。因為不敢走別人沒有走過的路，所以他們永遠不會發現別人沒有發現的東西。

如果您希望自己的孩子勇於創新，那麼就請培養孩子實踐的能力。以下是一則有關真實與常識的故事。

一次，一艘輪船不幸觸礁，沉沒在汪洋大海裡，倖存下來的九位船員拚死登上一座孤島，才得以活下來。

但是，接下來的情形更加糟糕，島上除了石頭，還是石頭，沒有任何可以用來充飢的東西。更要命的是，在烈日的暴晒下，每個人都口渴得冒煙，但島上卻沒有淡水可以用來解渴。

儘管四周是水──海水，可誰都知道，海水又苦、又澀、又鹹，根本不能用來解渴。現在，九個人唯一的生存希望是老天爺下雨或別的過往船隻發現他們。

等啊等，沒有任何下雨的跡象，天際除了海水還是一望無邊的海水，沒有任何船隻經過這個死一般寂靜的島。漸漸地，船員們支撐不下去了，他們

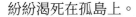

紛紛渴死在孤島上。

當最後一位船員快要渴死的時候，他實在忍受不住了，就撲進海水裡，「咕嘟咕嘟」喝了一肚子海水。這位船員喝完海水後，發現這海水非但沒有一點兒苦澀味，相反還很甘甜，非常解渴，他想：也許這是我渴死前的幻覺吧。之後，他便靜靜地躺在島上，等著死神的降臨。

這位船員在沙灘上痛痛快快地睡了一覺。醒來後，他發現自己居然還活著，這讓船員不禁慶倖了起來，接下來，他每天靠喝這孤島周圍的海水度日，最後，終於等來了救援的船隻。

後來，人們化驗這個孤島周圍的海水，發現這裡因為有地下泉水的不斷翻湧，孤島周圍的海水實際上全是可口的泉水。

誰都知道「海水是鹹的，根本不能飲用」，這是基本的「常識」。可是，有些時候，如果不懂得嘗試，過往的成功經驗與常識反倒會害死自己。一個人只有勇於突破「經驗」，勇於嘗試，才有可能突破自己，獲得生存和成功的希望。

備選故事任您挑

魯迅曾說過：「世上本沒有路，走的人多了，才變成路。」可事實上，如果沒有第一個從這條路走過的人，那麼就根本不可能有路。因此，要想創新，就應該做實踐的第一人。

如果您的孩子還不具備行動的積極性，那麼身為家長的您不妨從下面的故事中選擇適合您的孩子的故事，從而讓他們從故事中汲取行動的力量與勇氣。

彭巴效應

學習的過程就是求索的過程，就是驗證真理的過程，一個只相信前人經驗，而不自己去實踐的孩子，永遠不可能有與眾不同的發現。

如果您的孩子不善於動手實踐，不妨讓他來聽聽這則故事。

將一杯冷水和一杯熱水同時放入冰箱的冷凍庫裡，哪一杯水先結冰？很多人都會毫不猶豫地回答：「當然是冷水先結冰了！」非常遺憾，錯了。發現這一錯誤的是一個非洲中學生 —— 彭巴。

1963 年的一天，坦尚尼亞的一位中學生彭巴，發現自己放在冰箱冷凍庫的熱牛奶比其他同學的冷牛奶先結冰，這令他大惑不解，立刻跑去請教老師。老師認為，肯定是彭巴搞錯了，彭巴只好再做一次試驗，結果與上次完全相同。

不久，沙蘭港大學物理系主任奧斯伯恩博士來到學校，彭巴向奧斯伯恩博士提出了自己的疑問，後來奧斯伯恩博士把彭巴的發現列為大學二年級物理課外研究課題。

隨後，許多新聞媒體把這個非洲中學生發現的物理現象，稱為「彭巴效應」。

很多人認為正確的，並不一定就真的正確，很多常規、常識，最多是大部分人或事的總結下的經驗。這裡講突破常規，更重要的是一種求知的精神和思考的方式。

夜幕下的彩虹

每當夜幕降臨，美麗的霓虹燈就漸次亮起，把城市裝扮的格外妖嬈多姿。霓虹燈這麼美麗，它到底是誰發明出來的呢？這裡還有一則故事。

1898 年 6 月的一個夜晚，英國化學家拉姆齊和他的助手，像往常一樣在實驗室裡做實驗，他們想檢查稀有氣體是否導電。

拉姆齊把一種稀有氣體注射到真空玻璃管裡，然後把封閉在玻璃管裡的兩個金屬電極連接在高壓電源上，聚精會神地觀察起來。

突然，一個意外的現象發生了：注入玻璃管的稀有氣體不但會導電，而且還發出了極其美麗的紅光！這種神奇的光芒令拉姆齊和他的助手驚喜不已。

拉姆齊把這種能夠導電並且能發出紅光的氣體命名為氖氣。後來，他又對其他稀有氣體進行了實驗，結果發現，氙氣能發出白色光、氬氣能發出藍色光、氦氣能發出黃色光、氪氣能發出深藍色光……這些光組合在一起，真是五顏六色，美麗極了。

看著這些五顏六色的光，拉姆齊心想：「在節日的夜晚，如果能點上色彩繽紛的小燈，那將會是多麼美麗呀！既然現在已經找到了這些能發光的氣體，那麼是否可以把這些氣體充入到燈管當中，製成特殊的燈泡呢？」

說做就做，拉姆齊立即聯繫了一些生產作坊，他們採用低熔點的鈉鈣矽酸鹽玻璃做燈管，再用真空泵抽走裡面的空氣，並根據所需的燈光顏色充進不同的稀有氣體，然後在燈泡裝上自動點火器。通電之後，各種顏色的光次第明滅，交相輝映，看上去就像彩虹一樣絢麗多姿，而「霓虹燈」就是這樣被創造出來的。

聽完這個故事，孩子可能會說：「這沒有什麼大不了的，不過是拉姆齊的運氣比較好罷了，如果我有這樣的好運氣，一定也能發明一些東西！」

是的，霓虹燈的發明多少有一些運氣的成分，可是如果缺乏善於捕捉的眼睛，勤於動手的習慣，再容易被發現的現象都是有可能被忽略的。

因此，大家不僅僅要有一雙善於發現的眼睛，還應該從小養成動手實踐的習慣。沒有實踐，永遠不可能會有創新！

浮力定律和金魚

在日常生活中，聰明的孩子不少，但善於運用自己的雙手來解決問題的孩子卻很少。如果您的孩子很聰明，只是缺乏行動力的話，那麼可以跟他講一講下面這則故事。

諾貝爾獎得主伊雷娜是居禮夫人的女兒，她小的時候就很聰明。

有一天，英國著名的物理學家朗之萬在幫她和其他科學家的孩子們上課，講述阿基米德在澡堂裡發現的浮力定律，利用水的浮力和物體的排水量來鑑定國王的金冠。他講得深入淺出，孩子們都被吸引住了，於是，他向孩

子們提出了一個問題：根據阿基米德定律，物體侵入水中的體積一定等於排開的水的體積，但是，如果在水中放入一條金魚，卻不會排出相應體積的水，這是為什麼呢？

孩子們一個個皺起了眉頭，認真地思考了起來，有的說，金魚有鱗片，有著特殊的結構，因此防止了水的排出；有的說，金魚的身體有伸縮性，到了水裡會收縮身體，所以不會排出相應體積的水；還有個孩子說，阿基米德定律只適用於非生物，不適用於生物。孩子們一個個搶著回答，提出了許多個假設。朗之萬見孩子們思考很活躍，心裡十分高興。

伊雷娜也在思考著，金魚真的不會排出相應體積的水嗎？難道是因為身體會收縮？如果是一條大魚，也不會排出相應體積的水嗎？她開始懷疑老師的問題是不是出錯了。

她決定親自做個實驗來驗證一下。她找來一個量杯，倒進一半的水，記下刻度，然後再捉一條金魚放進量杯裡，哈！魚一放進去，水面就上升了一大截。原來，金魚和王冠一樣，都會排出相應體積的水。孩子們向老師提出了抗議，責怪老師不該出錯誤的問題，害得他們白白地浪費許多的腦力和時間。

朗之萬哈哈大笑，其實他是有意出這個錯問題，讓孩子們自己從迷宮中找出一條正確的道路來。

伊雷娜不盲目地跟從老師，正是因為她有這種科學的思考方法和勇於懷疑的精神，才使她後來發現了人工放射性元素，並獲得了諾貝爾獎。

孩子，真理是禁得起驗證的。一個勤於思考，勇於動手求證的孩子，才能真正地掃除障礙，找到科學的真理。

在日常學習、生活中，如果你對他人的話產生了疑問，不妨動一動手，用實踐來證明事情的真相。這樣的習慣，有助於孩子們更牢固地掌握自己學到的知識，更有助於孩子們發現與創新。

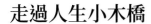

走過人生小木橋

一位心理學家做了一個實驗。

他讓十個人穿過一間黑暗的房子，在他的引導下，這十個人皆成功地穿了過去。然後，心理學家打開房內的一盞燈，在昏暗的燈光下，這些人看清了房子內的一切，都驚出一身冷汗，這間房子的地面是一個大水池，水池裡有十幾條大鱷魚，水池上方搭著一座窄窄的小木橋，剛才，他們就是從這座小木橋上走過去的。

心理學家問：「現在，你們當中還有誰願意再次穿過這間房子呢？」沒有人回答。

過了很久，有三個膽大的人站了出來。

其中一個小心翼翼地走了過去，速度比第一次慢了許多；另一個顫顫巍巍地踏上小木橋，走到一半時，竟只能趴在小橋上爬了過去；第三個剛走幾步就一下子趴下了，再也不敢向前移動半步。心理學家又打開房內的另外九盞燈，燈光把房裡照得如同白晝，這時，人們看見小木橋下方裝有一張安全網，只是因為網線顏色極淺，他們剛才根本沒有看見。

「現在，誰願意通過這座小木橋呢？」心理學家問道。

這次又有五個人站了出來。

「你們為什麼不願意呢？」心理學家問剩下的兩個人。

「這張安全網牢固嗎？」兩個人異口同聲地反問。

很多人寧願在渾渾噩噩的日子裡稀里糊塗地冒險，卻不願在機會來臨時挺身而出，接受歷練。通向成功的道路就像故事中的小木橋，不可能平平坦坦，更不可能不存在風險，如果你裹足不前，就永遠只能站在岸邊，看著別人走向成功。

紙上談兵

戰國時，趙國大將趙奢的兒子趙括，由於從小熟讀兵書，因此只要一談

到怎樣用兵，他便會引經據典，說得頭頭是道，連他的父親也難不倒他。但是，趙奢卻始終不承認兒子會用兵打仗，他甚至說：「我的兒子將來要是不做趙國的將軍，那倒是趙國的福氣。萬一不幸讓他當上趙國的將軍，那他一定是個敗軍之將。因為他從沒上過戰場，只會『紙上談兵』，一旦真的領兵打仗，絕對會出問題！」

秦昭王四十七年，秦王派大將王齕攻打趙國的上黨。趙國大將廉頗奉趙王之命率兵二十萬救援上黨，他採取固守策略，堅守長平，和秦軍相持了四個多月，秦軍沒能攻下長平。

於是，秦王採用宰相范雎的離間計，到趙國去散布謠言說：「秦兵所懼怕的，只有趙括一個人。廉頗是個無能之輩，再過些日子，他就要投降了。」

趙王聽信了謠言，便派趙括去代替廉頗領兵。趙括在接掌廉頗的兵權以後，立即改變固守策略，不久就被秦兵圍困，這時，秦王悄悄改派白起為主將，而以王齕為副將，結果，白起大敗趙括，趙軍四十萬人馬被俘後全部被活埋，而善於「紙上談兵」的趙括也在突圍時中箭身亡。

這次戰役，就是歷史上有名的「長平之戰」，趙國不僅在這次戰役中損失了四十萬人馬，更重要的是從此國力一蹶不振，再也無法和泰國抗衡了。

趙括只會空談理論，而不懂得將軍事理論和戰爭實際連繫起來，結果葬送了趙國四十萬大軍。同樣的道理，在學習中只會空談理論，卻不能解決實際問題，那麼你所學的知識就沒有了存在的價值。

望「蕉」興嘆的猴子

科學家將四隻猴子關在一個密閉房間裡，每天餵很少食物，讓猴子餓得吱吱叫。

幾天後，實驗者從房間上面的小洞放下一串香蕉，一隻餓得頭昏眼花的大猴子一個箭步沖向前，可是牠還沒拿到香蕉，就被預設機關所潑出的滾燙熱水燙得全身是傷，當後面三隻猴子依次爬上去拿香蕉時，一樣被熱水燙

傷，於是，眾猴只好望「蕉」興嘆。

又過了幾天後，實驗者換了一隻新猴子進入房內，當新猴子肚子餓得也想嘗試爬上去吃香蕉時，立刻被其他三隻老猴子制止，並告知有危險，千萬不可嘗試。實驗者再換一隻新猴子進入房內，當這隻新猴子想吃香蕉時，有趣的事情發生了，這次不僅剩下的兩隻老猴子制止牠，連沒被燙過的那隻猴子也極力阻止牠。

實驗繼續著，當所有猴子都已換過之後，沒有一隻猴子曾經被燙過，上頭的熱水機關也取消了，香蕉唾手可得，卻沒有一隻猴子敢前去享用。

很多時候，不是因為能力不強，也不是因為技術不高，只是因為勇氣不夠，才不敢去冒險。大膽去做，別怕犯錯，不要太相信習慣和經驗，人生不冒險才是最大的冒險。

羅斯的夢想

有一些孩子，似乎也很想做出一番事業來，但因為這樣或那樣的理由，最終什麼事情也沒有做出來！這是為什麼呢？這是因為這些孩子光有想法，卻缺乏行動力。一個缺乏行動力的孩子，是不可能獲得成功的。

如果您的孩子同樣缺乏行動力，愛為自己找藉口，不妨找個機會，跟他講講下面的故事。

羅斯一直想成為一名心理學家，她在讀高中時，便節省錢以備上大學時用。高中畢業不久，她的父親得了重病，她的母親由於要照顧她的弟弟妹妹，只能部分時間出去工作，並且，她父親的傷病補助費也是極有限的，因此，她必須放棄上大學的夢想。

她把自己的儲蓄用來學習打字和速寫技術，很快便找到了一份祕書工作。羅斯曾經多次產生了讀夜間大學的念頭，但由於一個又一個的原因，她推遲了入學。就這樣一個學期又一個學期過去了，羅斯始終未能入學。

「我真不明白，貝特絲。」她對自己最好的朋友吐露心事時說：「我真的願意學習某些大學課程，但我要想獲得心理學碩士學位，路途是如此遙遠。

首先，我得在大學熬四年，然後在研究所再熬兩年多。貝特絲，因為我只能在晚上去上課，所以要到 80 歲才能取得碩士學位。」

貝特絲聽後，卻回答說：「你應該集中考慮每一個學期裡自己將要修的一、兩門課，把你的總目標分解成若干初級目標，再把這些初級目標分解成一些易於實現的小段落，這時，你就可以為實現自己的初級目標採取第一個行動了。一旦你形成了『實幹』的習慣，將會不斷地有所建樹，把一個成功建立在另一個成功之上，只有這樣你才能更快、更容易地實現自己所想像的、似乎是可望而不可即的目標。」

其實，貝特絲的話一點不錯。在日常生活中，人們經常將一些小困難作為理由與藉口，而不去行動，最終，讓時間白白浪費了，而自己卻一事無成。

想要做成一件事情，最關鍵的就是行動力，你的行動力越強，那麼你離自己的目標就越近。一個成天只會幻想成功，卻缺乏行動力的人，即使想破頭，也只能在原地踏步。

給家長的悄悄話

在日常生活中，常有些家長抱怨，自己的孩子一天到晚不幹正事，總是翻箱倒櫃，胡鬧不休。新買回來的玩具，他三下五下就拆得七零八落，一點也不知道愛惜；剛搭好的積木，他說推翻就推翻，一點也不重視自己的成果；好不容易不再「動」了，他又這邊瞅瞅，那邊看看，想找出可以讓他「玩」的新鮮事物。這使得家長們不得不千方百計地防著孩子，什麼東西都放得高高的，生怕一不小心被孩子弄壞了，或者孩子用這些東西傷了自己。

事實上，孩子的初衷並不是想搞破壞，他們只是喜歡動手實踐，他們想透過實踐，做一個發現者與創造者。因此，家長如果能引導得當，說不定就有可能把這種破壞性行為，轉變為孩子創新的動機。

為了孩子的茁壯成長，請家長盡量多抽出一點時間教孩子動手，一起做

實驗，不斷地做一些小發明、小創造。家長應認真按照以下幾個方法來培養孩子的動手能力：

盡早學會使用筷子

兩歲至三歲的兒童就可以學習使用筷子了，而父母在孩子的這個年齡必須教會他使用筷子。使用筷子時，需要幾根手指頭的肌肉和神經都協調起來，這不僅僅是一個簡單的動作。日本學者發現：學會正確使用筷子的兒童顯得比較沉著，注意力集中，手指也更加靈活。

盡早學會使用剪刀

剪刀是一樣非常有用的工具，讓孩子學會使用剪刀，不僅可以學會做許多家事，還能做手工，如剪紙、做模型等。孩子使用剪刀，各種紙、布都在他的手下發生著移位，組合的形態變化，可以直接促進思考的靈活轉化。

現在，已經有了專門供孩子們使用的安全剪刀，刀刃不太鋒利，且剪刀頂端是圓形的，如果一時買不到合適的剪刀，父母可以將家裡的小剪刀改一改，以適合孩子使用。孩子使用剪刀時，只要家長陪著，是不會出事的，並且，在孩子使用後，要把剪刀藏起來，直到他能自如地、安全地使用為止。

指導孩子做手工

父母可以經常讓孩子做一些手工，如畫圖、剪貼、泥工及折紙等，這些能夠促進孩子的動作協調。兩歲半的孩子從簡單的折紙學起，到三歲時可學二至三步驟的折紙；三歲開始學拿剪刀，先學剪紙條，後學剪圖形，並可以用紙條貼成鏈條或貼成花籃等；四至五歲可以剪更複雜的圖案，如男孩喜歡的車、船、大炮及飛機等。在此過程中，父母可以幫助孩子做各種手工來提高其技巧，以求在動手的同時培養他的創造能力。

引導孩子開放自己所有的感官來觀察周圍的事物

如果孩子具備敏銳的感官觀察能力，並能尋找到與潛意識的共同點，那

麼他就可以用潛意識說服自己實現目標。因此，身為家長應該引導孩子開放自己所有的感官來觀察周圍的事物，包括視覺、嗅覺、聽覺、觸覺及味覺等感官，全身心地接收更多資源。只有這樣，孩子才能在實踐的過程中，達到最大限度的創新。

讓孩子學會自己動手製作小物品

家長可以在假日裡帶孩子們去野外採集和製作各種植物標本；可以利用現有的竹、木料或其他材料，製作各種簡單的玩具；可以引導孩子用紙和竹子製作風箏、燈籠，用塑膠繩編織各種工藝品；還可以帶孩子編織毛衣、繡花等。

培養孩子堅持不懈的創新實踐精神

創新是一個不斷反覆的過程。在創新過程中，孩子必然會遇到各式各樣的困難和挫折。告訴孩子，只有在困難和挫折面前不低頭，並把它們當作機遇，才能突破自我。

培養孩子創新實踐的能力，家長們應注意的原則：

1. **循序漸進的原則**：鑑於孩子心理發展水準的限制與知識經驗的累積狀況，想一下子做出重大創舉顯然是不可能的。不過，在小發明、小創新方面的不懈探索，將能極大地促進孩子創新能力的發展，而他對創新活動的興趣愛好也會一直延續下去，並使之成為今後事業和生活中的一個重要組成部分。

2. **啟發性原則**：當孩子在動手實踐的過程中遇到障礙，沒辦法繼續進行下去的時候，家長應該透過各種辦法對他進行啟發和引導。

3. **激勵原則**：在實踐活動的過程中，很多孩子往往會因為禁不起挫折，最終導致失敗。當孩子面對這樣的問題時，家長應該多給他支持與鼓勵，以激勵他對抗困難。如果孩子喜歡動手，並且有創新的行為，那麼家長就應該及時地表揚他，以激發他對動手操作的興趣。

教學加油站

孩子缺乏行動力的藉口：

1.「我家裡很吵，不能專心學習，所以成績不好。」

2.「我比較笨，所以總是沒有辦法做好，這件事就你來做吧！」

3.「下一次我肯定能好好完成，這一次你就饒了我吧！我真的覺得太累了！」

4.「再等等吧，等我有靈感的時候再做！」

5.「這個實驗別人都做了，我為什麼還要做呢？不是多此一舉嗎？」

6.「我覺得這件事情做了沒什麼用，反而會浪費時間，因此我就不做了！」

在日常生活中，缺乏行動力、不喜歡動手的孩子，總有諸如此類的藉口。因為有理由，所以他們就可以不做、懶惰，從而導致他們缺乏求知欲，當然，也不可能有創新。

身為家長，要想自己的孩子今後有所作為，就應該讓他成為一個有行動力的人。

第十二章　為什麼不倒過來試一試

「倒過來」試一試就可以找到答案，這正是「逆向思考」的形象表達。所以，當沿著事物發展的正方向去思考問題，卻沒有找到解決辦法的時候，不妨從結論往回推，倒過來思考，也許就會在不經意間獲得意想不到的驚喜。

什麼是逆向思考

在日常生活中，大家常聽人說「反過來想」、「反其道而行」等等，這裡的「反」其實指得就是反方向、逆向。當大家都朝著一個固定的思考方向思考問題時，你卻獨自朝相反的方向思索，這樣的思考方式就叫逆向思考。

人們習慣於沿著事物發展的正方向去思考問題，並尋求解決辦法。其實，對於某些問題，尤其是一些特殊問題，從結論往回推或許會使問題簡單化，使解決它變得輕而易舉，甚至因此有所發現，從而有可能創造出驚天動地的奇蹟來，這就是逆向思考的魅力。

例如，在「司馬光砸缸」這則故事中，有人落水，常規的思考模式是「救人離水」，而司馬光面對緊急險情，運用了逆向思考，果斷地用石頭把缸砸破，從而救了朋友的性命。

與常規思考不同，逆向思考是反過來思考問題，是用絕大多數人沒有想到的思考方式去思考問題。運用逆向思考去思考和處理問題的結果，常會令人大吃一驚。

逆向思考的特點

1. 普遍性

逆向思考適用於各個領域、各種活動。由於對立統一規律是普遍適用的，而對立統一的形式又是多種多樣的，有一種對立統一的形式，相應的就有一種逆向思考的角度，因此逆向思考有無限多種形式。

例如，性質上對立兩極的轉換：軟與硬、高與低等；結構、位置上的互換、顛倒：上與下、左與右等；過程上的逆轉：氣態變液態或液態變氣態、電轉為磁或磁轉為電等。不論哪種方式，只要從一個方面想到與之對立的另一個方面，都是逆向思考。

2. 批判性

逆向是與正向比較而言的，正向思考是指常規的、常識的、公認的或習

慣的想法與做法，逆向思考則恰恰相反，是對傳統、慣例、常識的反叛，是對常規的挑戰。逆向思考能夠克服慣性思維，破除由經驗和習慣造成的僵化的認知模式。

3. 新穎性

按循規蹈矩的思考和傳統方式來解決問題，雖然過程較為簡單，但容易使思路僵化、刻板，擺脫不掉習慣的束縛，得到的通常是一些司空見慣的答案。其實，任何事物都具有多方面的屬性，受過去經驗的影響，人們容易看到熟悉的一面，對另一面視而不見。逆向思考能克服這一障礙，並且往往能出人意料，給人以耳目一新的感覺。

當然，逆向思考這種創新思考方法，不是從誰的頭腦裡憑空想像、捏造出來的。它與其他思考方法一樣，也是從億萬人的思考實踐中來，也是人類思考實踐的經驗總結和提煉。歸根到底，它也反映著事物的客觀規律。

逆向思考的客觀根據

1. 事物之間關係的所謂「順」與「逆」都是相對的

   事物本來就是處在龐大的、錯綜複雜的關係網之中，事物之間互為條件、互相依存。從一個角度去看，甲事物與乙事物可能是一種「順」的關係；從另一個角度看，他們之間又可能是一種「逆」的關係。例如，一些人按高矮順序站成一排，從這一頭看，是「順」的關係，是由高到低，一個比一個矮；從另一頭看，則是「逆」的關係，是由低到高，一個比一個高。

2. 客觀世界的許多事物之間能相互轉換

   例如，電能生磁，磁也能生電；化學能可以轉化為電能，電能也可以轉化為化學能；說話聲音的變化在一定條件下能引起金屬片產生相應的震動，倒過來，金屬薄片的震動在一定條件下也能引起說話聲音發生相應的變化。

3. 在很多情況下，即使在相反的條件下也會產生同樣的結果

例如，前面談到的「沒有光」和「光極強」，這是剛好相反的兩種情況，但他們同樣會造成「什麼都看不見」的結果；又例如，睡眠過少，人的頭腦會發昏，精神會不好，睡眠過多，人的頭腦也會發昏，精神也會不好。

4. 當事物發展到一定階段，在有的事物之間，原有的關係會發生顛倒

在以電子電腦為標誌的科技革命發生以前，科學技術和生產的關係是「生產－技術－科學」，也就是說，先由生產實踐提出課題，然後進行技術革新，最後再推動科學研究的發展；現在則倒過來成為「科學－技術－生產」，也就是說，往往先有了科學上的新發現，或者有了某一新的科學原理、定律創立，然後進行相關或相應的技術革新，最終推動生產向前發展。目前，科學已經發揮領先和主導的作用，走到了生產的前面（大量的新技術、新產品是在實驗中誕生的）。

以上幾種情況的存在，表明了事物之間的關係在一定條件下是有可能出現某種顛倒的。由此可見，創新需要逆向思考。

小提醒

讓孩子學會逆向思考的好處：

1. 在日常生活中，常規思考難以解決的問題，透過逆向思考卻可能輕鬆破解。
2. 逆向思考會使孩子獨闢蹊徑，在別人沒有注意到的地方有所發現、有所建樹，從而制勝於出人意料。
3. 逆向思考會使孩子在多種解決問題的方法中獲得最佳的方法和途徑。
4. 在日常生活中，自覺運用逆向思考，會將複雜問題簡單化，從而使辦事的效率成倍提高。

逆向思考，最寶貴的價值是它對人們認知的挑戰，是對事物認知的不斷深化，以及由此產生「原子彈爆炸」般的威力。

正因為逆向思考有這麼多優勢，所以，身為家長的大家應當引導孩子學會運用逆向思考來創造更多的奇蹟。

從「地圖的另一面」談起

相對於正向思考來說，逆向思考常常被人們所忽視。可就是被人們所忽視的逆向思考，卻往往會創造出奇蹟來。如果您希望自己的孩子了解逆向思考的妙處，不妨與他一起分享下面這則故事。

有一位牧師正在想演講的題目，可是他的小兒子約翰卻在一邊吵鬧不休。

牧師無可奈何，便隨手拿起一本舊雜誌，把色彩鮮豔的插圖 —— 一幅世界地圖，撕成碎片，丟在地上，說道：「約翰，如果你能拼好這張地圖，我就給你 2 角 5 分錢。」

牧師以為這樣會使約翰花費整整一個上午的時間做拼圖，那麼，自己就可以靜下心思考問題了。

但是，不到 10 分鐘，小約翰就敲開了他的房門，手中拿著那份拼得完完整整的地圖。牧師對小約翰這麼快拼好了一幅世界地圖感到十分驚奇，他問道：「孩子，你怎麼如此之快就拼好了地圖？」

「啊！」小約翰回答說：「這很容易。在另一面有一個人的照片，我就把這個人的照片拼到一起，然後把它翻過來。我想如果這個人是正確的，那麼這個世界地圖也就是正確的。」

牧師微笑起來，給了小約翰 2 角 5 分錢，他說：「謝謝你！你替我準備了明天演講的題目 —— 如果一個人是正確的，那麼他的世界就會是正確的。」

孩子，這個故事告訴大家，達到目標的道路往往並不是只有一條，無論做什麼事情，都不要把目光局限在原有的辦法上。跳出思考的定式，尋求另外的途徑，從反面看問題，或許這樣就能找到解決問題的捷徑。

備選故事任您挑

　　生活中的很多事情總是那麼奇怪，明明很簡單的問題，可人們卻總要走許多彎路後才能解決，這到底是什麼原因造成的呢？慣性思維就是問題的關鍵。讓您的孩子學會用逆向思考方式來思考，能讓他們更快解決問題。以下是有關於逆向思考運用的範例，家長可根據不同情境的需求，選擇有針對性的故事對孩子進行逆向思考的啟發教育。

縣令明智的判斷

　　小薇最近很苦惱，暑假去杭州旅遊的時候，她各買了一份禮物給自己的兩位好朋友。她送給李玫的是一條項鍊，送給黃宇文的是一對耳環，不過，兩位朋友在私下裡卻很不高興，因為李玫已經有項鍊了，她就需要像黃宇文那樣的一對耳環作配飾；而黃宇文覺得李玫的項鍊比較漂亮，而且比較貴，所以覺得小薇偏心，對自己不夠好！

　　小薇沒有想到自己好心卻辦壞了事，這可怎麼辦呢？這一天，小薇正為這件事煩惱的時候，細心的媽媽發現了，於是關心地問她為什麼煩惱，小薇便一五一十地把事情經過告訴了媽媽。

　　媽媽一聽，「噗哧」一聲笑了，她拉著小薇，娓娓動聽地說起了下面這則故事。

　　古時候，有個富人在自己臨終的時候立下遺囑，自己死後，家裡的財產由妻子的哥哥做主，平分給兩個兒子。

　　這位富人去世以後，妻子的哥哥按遺囑要求把財產平分，但富人的兩個兒子都認為舅舅偏心，分給對方的比較多，分給自己的少了，於是吵鬧不休。

　　他們族中的幾位長輩調解很多次，可兄弟倆仍然不服氣，最後訴諸官府。縣令升堂聽了兩人的陳述後，沉思片刻便做出了判決 —— 他命令兄弟兩人互換自己所分到的家產。

兄弟倆聽了縣令的判決後，都立即表示欣然接受。

聽完故事後，小薇一臉恍然大悟地說：「如果我早點這樣做，就不會這麼煩惱了。」

媽媽接著耐心地引導：「妳看，很多問題解決的辦法很簡單，只是我們不善於變換思路，因此就多走了一些不需要的彎路，很不值得哦！以後，妳遇到問題的時候得多想想，這樣做不行，那就換一種方法，或者換一個角度思考，可不可以呢？妳看，光顧著苦惱，是解決不了問題的，妳說對嗎？」

小薇高興地哈哈大笑起來，說：「對，媽媽就是天才媽媽！」

你看，就這樣，一個現實問題被媽媽的故事化解了。因此，身為家長，如果善於用故事去引導孩子，可能會得到意想不到的教育效果。

石頭湯

一個風雨交加的日子，有一個窮人到一個富人家乞討。

「滾開！」富人家的僕人說「不要來打擾我們。」

窮人請求道：「只要讓我進去，在你們的火爐旁烤乾衣服就行了。」

僕人以為這不需要花費什麼，便讓他進去了。窮人進去後，請求廚娘給他一個小鍋，以便他「煮點石頭湯喝」。

廚娘聽了非常納悶，說：「石頭湯？我想看看你怎麼用石頭做成湯。」於是，她給了窮人一個小鍋，窮人到路上撿了幾塊石頭洗淨後放在鍋裡煮。

「可是，你總得放點鹽吧。」廚娘給了他一些鹽。

後來，廚娘又給了他豌豆、薄荷、香菜，最後，又把能夠找到的碎肉末都放在他的湯裡。當然，你也許能猜到，這個聰明的窮人後來把石頭撈出來扔回路上，美美地喝了一鍋肉湯。

這個故事裡的窮人便具有創造性思考，你看，他如果直接對富人家的僕人說：「行行好吧！請給我一碗肉湯喝！」這肯定是不行的。

然而，他卻換了個思路，逐步用石頭湯引來了肉湯，輕易地解決了自己

的難題。

讓噪音主動消失

美國芝加哥有一位退休老人，他在一所學校附近買了一棟簡樸的住宅，打算在那裡安度他的晚年。

他住的地方最初幾個星期很安靜。但過不久，就有三個小學生開始在附近踢所有的垃圾桶，附近的居民深受其害，對他們的惡作劇，大家採用了各式各樣的辦法，好言相勸過，也嚇唬過他們，可一直沒有作用，等到人一走，他們又開始踢。居民們無計可施，也只好聽之任之。

這位老人實在受不了他們製造的噪音，開始想辦法讓他們離開。

於是，他出去跟他們談判：「你們幾個一定玩得很開心 —— 我小時候也常常做這樣的事情，你們能不能幫我一個忙？如果你們每天來踢這些垃圾桶，我每天給你們 1 元。」

這三個孩子一聽，高興地蹦蹦跳跳，想著天下竟然有這麼好的事情？於是，他們的積極性更高了，此後每天來得更加準時。

過了幾天。這位老人愁容滿面地去找他們。「通貨膨脹減少了我的收入」他說：「從現在起，我只能給你們每人 5 毛了。」

這三個孩子有點不滿意了，但還是接受了老人的錢，每天下午繼續踢垃圾桶，卻沒有以前那麼賣力了，踢得隨隨便便的。

幾天後，老人又來找他們。

「瞧！」老人說：「我最近沒有收到養老金支票，所以每天只能給你們 2 毛 5 分了，可以嗎？」

「只有 2 毛 5 分！」一個孩子大叫道：「你以為我會為了區區 2 毛 5 分浪費時間，在這裡踢垃圾桶？不行，我們不幹了！」

從此以後，孩子們再也沒有到這裡來踢垃圾桶，老人又過上了安靜的日子。

聰明的老人巧妙地運用了逆向思考，透過曲線迂回的方式解決了問題。

如果老人也像其他的鄰居一樣，好言相勸，可能非但沒辦法說服那三個調皮的孩子，還會招來他們的反感，使他們惡作劇的興趣更濃！

相反，他從孩子的心理入手，先給他們甜頭，之後慢慢讓他們嘗到好處減少的不滿，激起他們消極的情緒，從而達到了讓他們「不踢」的效果。

由此可見，當遇到難題的時候，你是不是可以考慮一下從問題的反面入手？也許，那美妙的結果正在等著你的光臨呢！

保衛馬鈴薯

人類的活動和行為受著心理的支配，不同的心理產生不同的行為。聰明的人有時為了達到某種目的，巧妙地利用人的逆反心理，以調節人的行為，從而達到科學的目的。科學家巴蒙蒂埃在推廣馬鈴薯的過程中，就巧妙地利用了人的好奇心理。

馬鈴薯原產於美洲，它生長在地下的塊根有很高的營養價值，而且產量相當高，它可以作為主食吃，也可以作為蔬菜食用，還可以用作造酒的原料。但是，由於習慣和偏見，在從美洲向法國引進馬鈴薯時，卻遭到了人們頑強的抵制，人們不願意種植這種從來沒有種過的作物。農民說，這是一種「魔鬼的蘋果」；醫生說，這種東西吃了會損害身體；土壤學家說，種了這種奇怪的植物，土壤的肥力會枯竭。由於不了解，人們產生一種習慣性的恐懼和擔憂。

法國一個叫巴蒙蒂埃的學者知道這種作物的價值，認為在法國栽種這種作物將帶給農民良好的收益，如果法國農民栽種這種作物，那麼糧食的產量就會提高，並且人們的餐桌上也會多一種食物。由於馬鈴薯易種易收，對於一些貧困的人來說，它將是一種救命的作物，但是農民因為對馬鈴薯感到陌生，根本就不敢種，雖然他奔走宣傳，但是反應寥寥，馬鈴薯在法國依然得不到推廣。

宣傳的道路走不通，巴蒙蒂埃想出了一個辦法。他向法國國王做了宣傳，國王半信半疑，為了讓國王相信馬鈴薯無毒有益，他在國王面前吃起了馬鈴薯，以此證明這是一種可以食用的食物。這樣一來，國王對這種作物產

生了興趣。

他向國王說，這是一種十分珍貴的作物，為了防止人們偷竊，希望國王派出全副武裝的士兵幫助他守衛自己的馬鈴薯田，千萬不能讓人們獲得這種珍貴的果實和種子，任何人都休想得到這種遠渡重洋而來的美好食物。

巴蒙蒂埃圍了一塊田地，在周圍築起籬笆。他在田地裡精耕細作，種起了馬鈴薯，馬鈴薯田的大門口有全副武裝的皇家士兵守衛著，防止人們摘取它的一枝一葉。

全副武裝的士兵產生了廣告效應，引起了農民們的好奇，他們都來偷偷地觀看這種奇怪的作物，心想：這一定是一種很珍貴的東西，不珍貴的話，為什麼要派皇家的士兵來守衛呢？他們饒有興趣地觀看巴蒙蒂埃怎樣耕種，怎樣除草，怎樣施肥，無形之中把耕種這種新作物的技術全部學會了。其實，巴蒙蒂埃是用一種特殊的方式在傳授著馬鈴薯栽種的技術。

白天圍觀的農民趁晚上士兵們換班之際，三五成群前來偷偷地挖走塊根，把馬鈴薯栽種到自己的田裡。一時之間有的討，有的偷，人們紛紛栽種這種作物。一傳十，十傳百，不到幾年工夫，馬鈴薯遍及了整個法國。

人類有一種根深蒂固的習慣，越是不容易得到的東西越是想得到，越是不能知道的東西越是想知道，越是不易看到的東西越是想看到，越是禁果越是想吃。巴蒙蒂埃正是利用人們的這種好奇心理，巧妙地在法國推廣了馬鈴薯。

在正常情況下，透過宣傳馬鈴薯的優點來推廣它，這是一種有效的、常規的方法。但是，這種常規方法在一定條件下也不適用，巴蒙蒂埃沒有固著於一種辦法，他另闢蹊徑，運用心理學方法，利用人們的好奇心理，使馬鈴薯在法國得到了迅速的傳播。

當某種道路走不通時，及時地改變思考方向，這是一種聰明的選擇，它是思考靈活性的反映。

巧婦煎魚

有一位家庭主婦，在煎魚時對魚總是會黏在鍋上而感到很苦惱，煎好的魚，經常東缺一塊、西掉一片，令人見了大倒胃口。她經過仔細觀察，發現這是由於鍋底加熱後，魚油滴在熱鍋底上造成的。

有一天，她在煎魚時突然產生了一個念頭 —— 能不能在鍋的上面加熱，而不在鍋的下面加熱呢？這一念頭，使她先後嘗試了好幾種從上面燒火，把魚放在下面的做法，效果都不理想。

最後，她想到了「在鍋蓋裡安裝電爐絲」這個從上面加熱的辦法，終於製成了令人滿意的「煎魚不黏鍋」。

這種鍋不僅能使魚不會被煎糊、煎爛，還能做到無煙、省油。

因為有逆向的思考，所以才有「煎魚不黏鍋」的創新。這不也是成功運用逆向思考的結果嗎？由此可見，學會並靈活運用逆向思考是多麼的重要啊。

大家可以想一想，在日常生活中，還有哪些東西可以透過逆向思考的方式來改進呢？

富翁的大房簷

從前，有位心善的富翁，蓋了一幢房子，他把房子的屋簷加長了好幾倍，讓貧苦無家的人能在屋簷下面暫避風雪。

房子建成了，果然有許多窮人聚集在屋簷下，有人甚至擺攤子做起買賣，還生火煮飯。吵雜的人聲與油煙，使富翁不堪其擾，他的家人也相當不悅，常與簷下的人爭吵。

冬天，有個老人在簷下凍死了，大家交口罵富翁不仁。

夏天，一場颱風刮過，別人的房子都沒事，富翁的房子卻因為屋簷太長被颱風掀了。村人們都說這是惡有惡報。

重修屋頂時，富翁要求只建小小的屋簷，因為他明白：施人餘蔭，總讓

受施者有仰人鼻息的自卑感，結果由自卑變成了敵對。

富翁把錢捐給慈善機構，並蓋了一間小房子，所能蔭蔽的範圍遠比以前的屋簷小，但是四面有牆，是一幢正式的房子，許多無家可歸的人，都在其中獲得暫時的庇護，並對房子的主人感恩戴德。

沒過幾年，富翁成了最受歡迎的人，在他去世之後，人們還在紀念他。

施恩雖不圖報，卻要小心避免結怨，不要與他人牽扯利害糾紛，更不要傷害他人的自尊心。良好的願望要有良好的方法才行，富翁從窮人的心理角度出發，用相反的一種方式幫助他們。這樣既幫助了窮人，也讓自己勞有所得，而這正是逆向思考帶來的好處。

從顧客開始

逆向思考不但在生活中能發揮意想不到的作用，在商業活動中同樣也能產生很大的作用。只要善用逆向思考，就可能化消極為積極。

1960 年代中期，當時在福特公司的一個分公司擔任副總經理的艾科卡正在苦苦地想辦法，以改善公司業績。

他認定達到該目的的靈丹妙藥在於推出一款設計大膽，能引起大眾興趣的新型轎車。在確定了最終決定成敗的人就是顧客之後，他便開始繪製戰略藍圖。以下是艾科卡如何從顧客著手，反向推回設計出一種新車的步驟。

顧客買車的唯一途徑是試車。要讓潛在顧客試車，就必須把車放進車商的展廳中。吸引車商的辦法是對新車進行大規模，富有吸引力的商業推廣，使車商本人對新車型熱情高漲。說得實際點，他必須在行銷活動開始前做好轎車，並送進車商的展廳，為達到這一目的，他需要得到公司行銷和生產部門百分百的支持，同時，他也意識到生產汽車模型所需的廠商、人力、設備及原材料都得由公司的高級行政人員來決定。

艾科卡一個不漏地確定了為達到目標必須徵求同意的人員名單後，就將整個過程倒過來，從頭向前推進。幾個月後，艾科卡的新型轎車 —— 野馬從流水線上生產出來了，並在 1960 年代風行一時。這個項目的成功也使艾科

卡在福特公司一躍成為整個轎車和卡車集團的副總裁。

　　一般情況下，人們總是先設計好新車後，再進行生產和銷售，而這也是合乎常規的做法。但是，艾科卡別出心裁，他認為：既然車是賣給顧客的，不如讓顧客自己來參與設計新車。這種思路打破了常規，卻也為公司帶來了巨大的利潤。

　　這個故事告訴了大家，要想有所突破與創新，就應學會用逆向思考來思考問題。

　　孩子，在創新的過程中，只要學會正確地判斷事物，對事物進行辨證的分析，大膽地運用逆向思考，就有可能獲得驚人的成就。

給家長的悄悄話

　　一個人有沒有創造性是他的思考方式所決定的，創造性思考是創造力的核心，是人類智慧的體現。創造性思考與一般思考的不同之處，就在於創造性思考不同於成見，不因循守舊，能夠打破條條框框，在別人認為不可能地方和別人沒有注意到的地方有所發現、有所建樹。創造性思考通常會表現出主動、新穎、超乎想像及事半功倍等特性。幫助孩子在學習中進行創造性思考，可以大大促進其自信心，甚至可以為其未來的發展打下堅實的基礎。

　　在日常生活中，創造性思考通常都是來自逆向思考。例如，古羅馬時期，阿基米德利用水的浮力和物體的排水量來鑑定國王的金冠；三國時期，五歲的曹沖則利用水的浮力稱大象的重量。這些事例都是應用了找到替代物品，「化整為零」然後「零存整取」的思考方法。孫臏用添兵減灶的辦法迷惑龐涓，造成了撤兵的假像；諸葛亮則用減兵增灶的辦法，擺出增兵的架勢，瞞過了司馬懿，撤軍千里。

　　逆向思考是可以發掘和培養的。孩子長到 4～5 歲就可以進行逆向思考的訓練了。那麼，家長應該讓孩子掌握哪些逆向思考的方法呢？歸納起來，逆向思考法有以下三種類型：

★**反轉型逆向思考法**：這種方法是指從已知事物的相反方向進行思考，產生發明構思的途徑。然而「事物的相反方方向」應從事物的功能、結構、因果關係等三個方面做逆向思考。例如「巧婦煎魚」這個故事，市面上的鍋都是從下加熱的，因此很容易把魚煎糊了，於是，巧婦想到從上加熱的想法，因而有了創新。

★**轉換型逆向思考法**：這是指在研究一問題時，由於解決這一問題的手段受阻，而轉換成另一種手段，或者轉換思考角度，從而使問題順利解決的思考方法。例如，司馬光砸缸救落水兒童的故事，實質上就是一個用轉換型逆向思考法的例子，由於司馬光不能透過爬進缸中救人的手段解決問題，因此他就轉換為另一手段 —— 破缸救人，從而順利地解決了問題。

★**缺點逆用思考法**：這是一種利用事物的缺點，將缺點變為可利用的東西，化被動為主動、化不利為有利的思考方法。這種方法並不以克服事物的缺點為目的，相反，它是將缺點化弊為利，從而找到解決方法。例如，金屬腐蝕是一種壞事，但人們利用金屬腐蝕原理進行金屬粉末的生產，或者進行電鍍等其他用途，這無疑是缺點逆用思考法的一種應用。

只要掌握了一定的逆向思考的方法，孩子便能融會貫通地運用到自己的生活中，從而有了行為上的創新！

當然，培養孩子的逆向思考，完全可以和孩子的語言學習與日常生活結合起來。例如，轉化句型就是一種很好的方法，「小明從櫥櫃裡拿走了一個蘋果」可以轉化為「櫥櫃裡的一個蘋果被小明拿走了」，或者「小明拿走的一個蘋果，是櫥櫃裡的」等，透過此例可以讓孩子知道思考和解決問題，完全可以從不同的角度入手。

也可以用反義詞和兒歌來訓練孩子的逆向思考。孩子的思考具體形象，而且通常是一種單向思考，即從一個角度，而且常常是從自己的角度去了解事物。例如，母親將奶瓶裡的牛奶倒入大口杯時，孩子就會覺得牛奶多了起來，因為大口杯的口徑大；或者，當孩子不願意別人發現時，就用小手捂住

自己的眼睛，以為人家看不見他了。

　　單向思考是低級的思考形式，它妨礙創造性思考的發展，因此家長們應幫助孩子克服單向思考形式，養成多角度、多方位、多功能、多途徑思考問題的習慣。

　　此外，家長還應該充分肯定孩子的想法，使他們的逆向思考得到進一步發展。對孩子進行逆向思考訓練，主要在於幫助他們從小學會從相反的角度去看同樣的觀點，從而學會正確的思考方法。開展逆向思考教育，有利於孩子今後的學習和工作，並提高其應變能力和創新意識，尤其對其今後的學習有著特殊的意義。

　　例如，聽完〈龜兔賽跑〉的寓言，孩子說：「烏龜真笨，本來就跑不快，還要和兔子賽跑。」如果這時家長說：「亂講話，是兔子太驕傲，所以烏龜先到了終點，所以你要好好聽父母講故事。」那麼孩子對於父母講的故事可能就會失去興趣了；如果家長說：「好孩子，你說得有道理，兔子因為一時大意才被烏龜落下了，如果牠沒有睡過頭，烏龜怎麼也趕不上牠。所以，不能希望人家睡過頭，才去贏人家。」那麼孩子對你以後的故事肯定也是興致勃勃。

　　培養孩子的逆向思考，以下的態度不可取：

1. **不耐煩**：當孩子對某些事物表現出特殊的興趣時，總會沒完沒了地玩個不停，以從各個角度尋求此事物的奧祕，很多家長對此很反感，覺得孩子太無聊了，不就是一個簡簡單單的東西嗎？至於這樣嗎？如此，就會挫傷孩子逆向思考的積極性。

2. **漠不關心**：對孩子想什麼不予理會，認為他想的都是一些幼稚的東西，不值得一提。

3. **過於理性**：很多孩子喜歡「幻想」，當然，這些幻想跟現實毫無關係，此時，家長容易會冷冷地打擊孩子說：「現實一點吧，你這樣的做法是行不通的。」

4. **嘲笑挖苦孩子幼稚**：對於某些學習成績並不突出的孩子，家長常對他們

的思考不屑一顧，覺得他們想的都是一些無關學習的旁門左道。

教學加油站

與孩子一起做逆向思考訓練遊戲。

1. 藏寶圖
   遊戲目的：訓練孩子的空間感知能力與逆向思考能力。
   遊戲準備：用比較透明的紙做幾張「藏寶圖」，並準備幾張相同的空白圖紙。
   遊戲玩法：您先給孩子看一張「藏寶圖」，然後告訴他這是一張透明的藏寶圖，如果將它翻過來，會出現什麼樣的圖案呢？並且，也可以讓他在空白圖紙中畫出來。

2. 撲克猜數
   遊戲目的：用不同方法將隱藏的數字猜出來，以發展孩子的逆向思考，及其流暢性和敏捷性。
   遊戲準備：1～9 的牌兩套（共 18 張）。
   遊戲玩法：您一定要和孩子一起玩唷！首先，請孩子把牌洗好，然後您任意抽去一張，藏起來，並將餘下的牌攤開，讓孩子猜一猜，您藏起來的是哪一張牌。

第十三章 「出奇制勝」靠創新

當今社會是一個人才輩出的社會，想讓自己的孩子從人群當中脫穎而出，單憑優秀的成績、出色的容貌及出眾的口才是不夠的，還應該讓他學會「出奇制勝」。

「出奇」不僅是一種招式，還是一種思考方式。有創新頭腦的孩子，才能以「出奇」來達到「制勝」。

「出奇」只需一點點

有這樣一則故事。

從前，有一位國王為了挑選繼承人，出了個難題給兩個兒子：「給你們兩匹馬，白馬給哥哥，黃馬給弟弟，你們騎馬到清泉邊去飲水，誰的馬走得慢，誰就是贏家。」

哥哥想用「拖」的辦法取勝，弟弟則搶過哥哥的白馬飛馳而去。結果，弟弟勝了，因為他騎的是哥哥的馬，自己的馬自然就落到了後面。

哥哥失利之後，心中不服，弟弟取巧就算了，還使用蠻力，屬於犯規。國王卻說：「我沒有設立什麼規矩啊。」

哥哥還是不服，說要再比一次，不准用搶的，弟弟若還能贏就甘願認輸。

這時，國王看看弟弟，弟弟表示可以再比一次。

於是，哥哥和弟弟又準備開始比了，這回還是比賽馬，還是誰的走得慢誰贏。這次讓兄弟兩人到馬棚裡自己挑馬，哥哥率先跑進馬棚，挑了一匹最差的、病歪歪的蹩腳馬，弟弟卻不緊不慢地隨便找了一匹馬。

哥哥心裡暗暗冷笑：看你這回怎麼贏我。

比賽開始了，一聲號令，只見一匹馬好似離弦之箭，瞬間到達河邊，大夥定睛一看，原來是哥哥騎著的那匹蹩腳馬，而弟弟在後面晃晃悠悠。原來號令一響，弟弟就在哥哥的馬屁股上戳了一劍。

結果，還是弟弟贏。

這就是「出奇」的力量。一個聰明的人，他的智慧並不比別人多很多，他所想的也並不是別人沒有想到的，或者是在別人可能思考到的地方再深入思考一點點，他也許只是在別人創新的基礎上再加點新的想法而已，但是卻因此達到了出奇制勝的效果！

孩子的思考是最無拘無束的，如果能讓孩子一直保持這樣無拘無束的思

考狀態，而不強行壓制，並使其形成慣性思維，那麼他就能有讓人眼前一亮的獨特創意。

在日常生活中，面對同一事物或同一材料，人們往往會有不同的感受和不同的看法，然而，只有善於思考的人，才能有新奇獨立的感受和心得。例如，同是看賽跑，人們總是讚美跑在最前面的人，嘲笑跑在最後面的人，但是，魯迅卻讚美那「雖然落後但沒跑到終點不停止」的人，他把著眼點放在「不恥最後」者身上，發掘出他們身上那種頑強不屈的精神，這個立意與眾不同，不但新奇，而且深刻。

能夠做到「出奇」的孩子，一般有以下幾個特點：

1. **勇於冒險**：出奇是一種可貴的創新思考，更是一種可貴的精神境界，沒有一點冒險精神，滿足於四平八穩，如何能摧枯拉朽、推陳出新？凡是具備創新素養的孩子，總能在別人的高度上，再勇敢地「跳一跳」，以尋求突破。

2. **拒絕平庸**：拒絕平庸就要突破模式的束縛，而模式正是出奇的死敵。只有突破模式的桎梏，才能有與眾不同的表現；只有從模式中突圍出來，才能讓創新的思想在藍天上自由飛翔。

   當然，出奇要有基礎，對多數孩子來說，只能是比一般人在某一點上新一點、深一點、廣一點、巧一點，就可以達到出奇的效果。

3. **善於從不同角度來思考問題**：能夠做到「出奇」的孩子，通常善於從不同的角度思考問題。他們喜歡打破常規、獨闢蹊徑，想出別人沒有想到的新東西。因此，總能讓人眼前一亮。

小提醒

在日常生活中，對孩子出人意料的行為，家長應該怎麼做？

1. 給予鼓勵與支持，並告訴孩子：「你讓我很吃驚。」
2. 不要制止孩子的行為。即使他們的做法不符合邏輯，是錯誤的，家長也應該讓他們試一試，從而培養其「冒險」精神。
3. 用故事去啟發孩子的行為，讓他意識到自己哪些行為是不對的，

哪些行為是需要改進的，以及哪些做法是有智慧的。

4. 對孩子的「好點子」應給予肯定，以讓他從小養成思考與創新的習慣。

從「56 美元買一輛 56 型福特車」談起

正在念 6 年級的王皓一回到家，就氣呼呼地對媽媽說：「我們班的那些同學太氣人了，居然不選我當班長，他們說我的點子不夠多，腦袋不如紹傑聰明，憑什麼這麼說我呢？紹傑不就是去年想了一個好點子，帶著班上同學到街上募捐，為災區人們做出貢獻嗎？這有什麼了不起的，我只是暫時沒有想到而已！」說完，就嗚嗚地哭了起來。

見兒子哭得這麼傷心，媽媽上來勸慰說：「王皓，男兒有淚不輕彈喔！你想想，在今天的社會，點子多就意味著成功機會多，人家選紹傑一定有他們的道理不是嗎？乖，別哭！我跟你講個故事。」

美國福特汽車公司是美國最早、最大的汽車公司之一。1956 年，該公司推出了一款新車，這款新車樣式、功能都很好，價錢也不貴，但是很奇怪，竟然銷量平平，和當初所設想的完全相反。公司的銷售經理們急得就像熱鍋上的螞蟻，但絞盡腦汁也找不到讓產品暢銷的辦法。這時，在福特汽車銷售量居全國末位的費城地區，一位剛畢業不久的大學生，對這款新車產生了濃厚的興趣，他就是艾科卡。

艾科卡當時是福特汽車公司的一位見習工程師，本來與汽車的銷售毫無關係。但是，公司老闆因這款新車滯銷而著急的神情，卻深深地印在他的腦海裡，他開始思索：我能不能想辦法讓這款汽車暢銷起來？

終於有一天，他靈光一閃，逕自來到經理辦公室，向經理提出了一個創意，在報上登廣告，內容為：「花 56 美元買一輛 56 型福特。」

這個創意的具體做法是：誰想買一輛 1956 年生產的福特汽車，只需先付 20% 的訂金，剩下部分可按每月付 56 美元的辦法逐步付清。

他的建議得到了採納。結果，這一辦法十分靈驗，「花 56 美元買一輛 56型福特」的廣告人人皆知。「花 56 美元買一輛 56 型福特」的做法，不但打消了很多人對車價的顧慮，還給人創造了「每個月才花 56 美元，實在是很合算了」的印象。

奇蹟就在這樣一句簡單的廣告詞中產生了：短短三個月，該款汽車的銷售量就從原來的末位一躍成為全國冠軍。

這位年輕工程師的才能很快受到賞識，總部將他調到華盛頓，並委任他為地區經理。後來，艾科卡不斷地根據公司的發展趨勢，推出了一系列富有創意的舉措，最終坐上了福特公司總裁的位子。

聽完故事後，王皓和媽媽有了以下的對話。

媽媽：「你看，故事中的艾科卡之所以成功，得到老闆青睞，很大程度上取決於他善於思索，並勇於挑戰難題。你說，如果你是老闆，你想選擇會做事、懂創新的人幫你做事，還是沒有什麼好點子，能力普通的人為你做事呢？」

王皓：「當然是點子多、會做事的。但是，我也有很多好想法啊！」

媽媽：「是的，你也是個聰明的孩子，但媽媽覺得你的行動力還是不夠。很多時候，你想到的事情，沒有及時去做，因此就錯過了很多好時機，你說對不對？」

王皓：「也對。」

媽媽：「所以，這次沒有選上沒關係，你也可以為紹傑出謀劃策，當軍師啊！你看看，古代戰場上如果沒有軍師的聰明才智，怎麼能打勝仗呢？」

王皓：「嗯，媽媽，我明白了。以後我也要做艾科卡那樣，用好點子達到『出奇制勝』的人，讓同學們看看，其實我也很棒的。」

媽媽：「這就對了。」

備選故事任您挑

在日常生活中，大家經常看到這樣一些孩子，他們成天一副「鬱鬱寡歡」的模樣。問其原因，很多孩子都覺得自己不夠聰明，為什麼別人能想到的，自己就是想不到呢？

其實，這些孩子並非能力有限，而是思路有限。他們被固有的思考束縛了手腳，只會效仿與羨慕別人，卻忘記只要肯動腦，自己也有無限的潛力。

卓別林擺脫持槍強盜

一天深夜，卓別林帶了一筆錢回家。

經過一段小路時，樹後突然閃出一個彪形大漢，拿著手槍逼他交出身上所有的財物。

卓別林看著黑洞洞的槍口，裝作渾身發抖，戰戰兢兢地說：「我是有點錢，可全是老闆的，幫個小忙吧，在我帽子上打兩槍，我回去好交代。」

強盜沒有說話，但把他的帽子接了過來，「砰砰」地打了兩槍。

卓別林又央求再朝他的褲腳打兩槍：「這樣更逼真，老闆就不會不相信了。」

強盜不耐煩地拉起褲腳打了兩槍。

卓別林又說：「請再朝衣襟上打幾個洞吧。」

強盜罵著：「你這個膽小鬼，他 × 的……」

強盜扣著扳機，但不見槍響。

卓別林一看，知道子彈沒了，便飛也似的跑了。

卓別林的聰明之處在於大難臨頭先低頭，然後設法消耗掉強敵的優勢，無形之中改變了強弱之間巨大的不平衡，從而尋找到機會安全脫身。

都市懸崖

有一年夏天，日本最大帳篷商太陽工業集團的董事長 —— 能村龍太郎準備在東京建一座新的銷售大廈。

善於動腦筋的能村龍太郎心想，在寸土寸金的東京建一座大廈，不僅一時難以收回成本，而且大廈的每月消耗也是一筆不小的開支。怎樣能做到既建了大廈，又可以藉此開拓新的市場呢？有了這樣的想法後，能村龍太郎便非常關注來自生活裡被熱烈討論的話題。

當時，攀岩熱潮在日本興起，大有日漸蓬勃之勢。這令能村龍太郎茅塞頓開：何不建一座都市懸崖，以此滿足那些都市年輕人的攀岩愛好呢？經過調查研究，能村龍大郎邀請了幾位建築師反覆研究，決定把 10 層高的銷售大廈外牆加一點花樣，建成一座懸崖峭壁，以供人們作為「攀登懸崖的練習場」。

半年後，一座植有許多花木青草的懸崖，便昂然屹立在東京市區內，仿佛一個多彩而意趣盎然的世外桃源。練習場開業那天，幾千名喜愛攀岩的年輕人，興高采烈地聚集此處，雖然，練習場不像野外攀岩那樣可以展望重重青山和茂密的叢林、茫茫的雲海，但被選出的首攀者們依然熱血沸騰、躍躍欲試，紛紛藉此過了一把攀岩的癮。

在東京市區內出現了從前的深山峻嶺才能看到的風景，這一下子成了人們關注的焦點，每日來此觀光的市民達上萬人，而一些外地的攀岩愛好者聞訊後，也不辭辛苦地來到東京一顯身手。

接著，能村龍太郎又恰到好處地掌握了這種轟動效應，立即在大廈隔壁開了一家專營登山用品的商店。很快，該店便因貨品齊全，而占據了登山用品市場的榜首地位，成了公司主要的輔助性產業。

點子每個人都會想，但如果希望自己的點子能達到出奇制勝效果，那麼就需要想點子的人具備敏銳的觀察力與出人意料的創新能力。

跑得快不如有個好腦袋

有一次羚羊碰見烏龜，誇耀自己跑步很快，並且問烏龜說：「你會跑嗎？」

「我會跑。」烏龜回答說：「而且比你跑得快。」

羚羊笑了起來：「既然這樣，那我們來比賽吧！」

烏龜同意了。

第二天早上，牠們到指定地點去。到了那裡，羚羊說了聲「跑吧」就飛快地跑掉了，把烏龜遠遠甩在後面。

過了一會兒，羚羊停下來，高聲地問：「喂，烏龜，你在哪兒啊？」

烏龜回答說：「我在這裡！」

羚羊很驚奇，於是跑得更快了，牠跑了一會兒，又停下來問：「烏龜，你在哪兒啊？」

牠又聽見烏龜回答說：「我在這裡！」

再往前跑還是這樣。羚羊時常停下來問：「烏龜，你在哪兒啊？」

每一次烏龜總是回答：「我在這裡！」

最後羚羊跑到了指定的終點，可是烏龜已經在那裡等牠了。

「我早就在等你了。」烏龜說：「我第一個跑到終點的！」

這當然是烏龜在騙羚羊的。

原來，烏龜在前一天夜裡把自己所有的親屬召集起來，讓牠們待在羚羊必經的路上的青草底下，只要羚羊來喊烏龜，其中的一個就馬上回答。這樣，最終獲勝的就是烏龜了！

單憑實力，烏龜是無論如何也跑不過羚羊的。但是，烏龜卻透過自己的智謀戰勝了實力強大的羚羊，而這不能不說是一個奇蹟。

略施小計

一次，愛因斯坦搭火車到科隆開學術會議。火車快進站時，旅客們都掏出自己的車票，做好出站準備，這時車廂裡有人哭了起來，原來是一位老太太，她沒了車票，她的車票在中途查票時交給了列車員，列車員卻矢口否認。

愛因斯坦一見，忙走過去安慰她：「老太太，您把我的車票拿去吧。」

火車到了科隆站，同車的旅客都很擔心，不知道這位好心的學者怎樣才能平安地走出檢票口，因為，無票乘車的人，不僅會被處以五倍的罰款，還會被關進警察局！

愛因斯坦泰然自若，讓那位老太太走在他前面。老太太平安地出站，可他被攔住了，檢票員向他要車票，他的臉瞬間紅了，檢票員一見，就拉他去管理室，誰知愛因斯坦突然指責檢票員粗野無禮，並且說，他的車票已經給了檢票員。

那檢票員先是一愣，然後與他大吵起來。這時，站長出來了，愛因斯坦見時機到了，向站長說：「我經常乘車外出，就怕遇到這一類的麻煩事，所以有個習慣，在車票的反面總要寫上自己的名字。您要是不信，可以在這些車票中查一查。」

站長讓檢票員查一查，果然有一張寫著愛因斯坦名字的車票，檢票員只好向他道歉。

「不必了。」說罷，愛因斯坦揚長而去。

孩子，在日常生活中，當遇到麻煩時，對策並不一定在事情本身。這是由於從事情的本身出發，對自己來說，可能並不會有多少好處，但是，如果從其發生的根源找方法，往往就會有意想不到的收穫。

只貸一美元

一位猶太富豪走進一家銀行，到了貸款部門前，舉止得體地坐下來。

「請問先生，您有什麼事情需要我們服務嗎？」貸款部經理一邊小心地詢

問，一邊打量來者的穿著打扮：名貴的西服，高檔的皮鞋，昂貴的手錶，還有鑲嵌著寶石的領帶夾子⋯⋯顯然是一位很有實力和修養的人。

「我想借點錢。」

「完全可以，您想借多少呢？」

「一美元。」

「只借一美元？」貸款部的經理驚訝的問。

「我只需要一美元。可以嗎？」

「當然，只要有擔保，借多少，我們都可以照辦。」

「好吧。」猶太人從豪華的皮包裡取出一大堆股票、債券等放在桌上：「這些作擔保可以嗎？」

經理清點了之後說：「先生，總共50萬美元，做擔保足夠了。不過，先生，您真的只借一美元嗎？」

「是的。」猶太富豪不露聲色地回答。

經理乾脆地說：「好吧，請到那邊去辦手續吧，年息6%，只要您付出6%的利息，一年後歸還，我們就把這些股票、債券等都還給您。」

「謝謝。」猶太富豪辦完手續，便從容離去。

一直在一邊冷眼旁觀的銀行行長怎麼也想不明白，一個擁有50萬美元財產的人，怎麼會跑到銀行來借一美元呢？

他從後面追了上去，大惑不解地說：「對不起，先生，可以問您一個問題嗎？」

「你想問什麼？」

「我是這家銀行的行長，我實在弄不懂，你擁有50萬美元的家產，為什麼只借一美元呢？要是您想借40萬美元的話，我們也會很樂意為您服務的。」

「好吧！既然你非要弄個明白，那我就把實情告訴你。我到這裡來，是想辦一件事情，可是隨身攜帶的這些票券很礙事，不方便。我到過幾家金

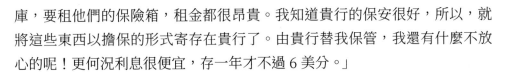

庫，要租他們的保險箱，租金都很昂貴。我知道貴行的保安很好，所以，就將這些東西以擔保的形式寄存在貴行了。由貴行替我保管，我還有什麼不放心的呢！更何況利息很便宜，存一年才不過 6 美分。」

既有頭腦又有金錢的人是幸運的，因為他能用頭腦支配金錢；只有金錢而沒有頭腦的人是不幸的，因為他的頭腦只能被金錢所支配。

孩子，做任何一件事情，沒有固定的模式，只有懂得運用智慧的人，才能獲得成功。

討債的故事

從前，有一位智者叫納斯列金，人們有了什麼難以解決的問題都去向他請教。

有一次，一個商人向納斯列金的朋友哈桑借了 2,000 金幣，並寫下了借據。可是，在還錢的期限快到的時候，哈桑卻突然發現，自己保存的那張商人出具的借據丟失了，哈桑到處翻找，就是找不到那張借據，他知道，丟失了借據，向他借錢的商人一定是不會認帳的，這該怎麼辦呢？哈桑相當著急。

情急之下，哈桑找到了納斯列金，向他說明了事情的經過。

聰明的納斯列金想了想，微笑地說：「你不用著急，我已經幫你想到辦法了，你趕快寫一封信給那個商人，在信中對他說，還款的日期快到了，叫他準備好向你借的 2,500 金幣還給你。同時，你要求他立即回覆你一封信，說明是否能保證按時還錢。」

哈桑聽了大惑不解，但還是按照納斯列金說的辦法做了。

幾天以後，那位商人來信了。在信中，那位商人很惱火地質問哈桑，自己明明只借了 2,000 金幣，現在怎麼就變成 2,500 金幣了呢？

納斯列金指著信中的內容說：「這下，你有證據要那位商人還錢了吧？」

哈桑這才明白過來，不禁哈哈大笑。

如果哈桑在討債的時候直接向商人說明自己的字據弄丟了，那麼商人很

可能不但不會還他錢，還會說他誣告自己跟他借錢。

聰明的納斯列金反其道而行，故意將欠款的數目擴大，讓商人因此急於為自己爭辯，留下了欠款 2,000 金幣的證據，從而達到了哈桑的目的。

出售貧窮

在日本的兵庫縣，有一個叫丹波的村子。當整個日本都普遍富裕起來的時候，這裡依然貧窮——土地貧瘠、物產貧乏、交通落後、資訊閉塞。這裡的人們心情焦灼，可又沒有任何辦法，於是，他們向全國徵求致富良方。

一些有識之士得到的一致意見是：出售物產和資源換回生活所需。問題是，這個村子除了貧窮和落後，無以出售。

最後，一個人想到：既然只剩下貧窮落後，無可出售，何不出售貧窮和落後？

如何出售貧窮？他建議：今後村民們不要住在現在的房子裡，要住到樹上去；不要再穿布做的衣服，要穿樹皮、獸皮，像幾千年前人類那樣生活。這樣就可以吸引城裡人前來觀光、旅遊，從而為村民帶來豐厚的旅遊收入。

村民們聽從了專家的建議。他們的「另類生活」很快便引起了城裡人的極大好奇。一時之間，遊人如織，不到一年時間，丹波村的村民們都擺脫了貧困。

「貧窮」一直是作為缺陷存在於村民的意識當中的。但是，一個人聰明地出奇制勝，將「缺陷」轉化為優勢，讓村民們在出售貧窮的過程中贏得了財富，這樣的思考方式，不能不說是高人一籌。

因此，在思考問題時，不妨看看問題的本身是什麼，就問題解決問題，從而找到與眾不同的思路，而這正是思考創新。

給家長的悄悄話

同樣的材料，讓不同的孩子帶回家去製作小作品，有些孩子做出來的作

品，總是會讓人產生眼前一亮、耳目一新的感覺，因此這些作品總能在眾多作品中脫穎而出；然而，有些孩子做出來的作品，非但沒有什麼創意，還顯得粗陋不堪。

這是為什麼呢？原來那些總有新創意，能讓自己的作品出奇制勝、脫穎而出的孩子，不僅善於動手，還善於動腦，在做一件東西的時候，他們經常會思考：怎麼做才會讓自己的小製作更好呢？然而，那些缺乏創意的孩子總是別人怎麼做，他們也怎麼做，以完成任務為目的，潦草做完，從不加以思考與創新，因此他們做出來的東西自然不可能吸引到別人。

當然，孩子不善於創新，無法做到出奇制勝，除了上面的原因以外，還有以下幾個方面的原因造成：

1. **依賴性強**：在日常生活中，有很多孩子過慣了茶來伸手，飯來張口的生活，不管什麼時候都依賴大人來做。這樣的孩子獨立性差，動腦思考的習慣更差，因此，不要說創意，有些時候，就連一些很簡單的事情，他們都要依賴大人才能完成。

2. **缺乏行為導向**：家長從來都沒有培養孩子動腦做事情的意識，總以為孩子還小，有些事情大人能做，孩子大可不必參與，免得把事情越做越糟糕。孩子也樂得清閒，該看電視的時候看電視，該讀書的時候讀書，反正他也應該做孩子的事情！

3. **從眾心理**：孩子從小就被教育在家要聽家長的話，在學校要聽老師的話，在單位要聽上司的話。於是，服從、聽話就成了他們做人的基本準則，從而缺乏一種創造的內在動力和一種大膽質疑的批判性思考。

正是以上的諸多原因，限制了孩子的思路，使其只能故步自封而缺乏創意。這樣的孩子便活在自己的慣性思維裡，永遠邁不出自己的天地。

想讓孩子善於運用自己的智慧，做到出奇制勝，家長需要做到以下幾點：

創造一個思考的氛圍

這對孩子形成獨特的個性，表現有創新意識的思考、舉動很重要。家長

不能因為孩子小，需要大人照顧而把他看成是大人的附屬品，孩子也是一個完整、獨立的個體，應該允許他有自己的世界、自己的空間。

俗話說得好：「什麼樣的父母教出什麼樣的子女。」因此，在家長努力啟發孩子創造力的同時，不要忘了同時培養自己的創造力，從而使自己成為能欣賞創造力，並能與孩子的創造力互動的人。家長不必在孩子與孩子間製造競爭壓力，也不必為了培育創造力，將家庭生活弄得緊張、沉重，更不必一反常態，變成嚴肅又過分認真的家長。

真正成功的創造力培養者，是能與孩子一起學習、一起成長，能像個摯友般傾聽孩子的心聲，了解孩子的舉止，知道何時給他掌聲，何時扶持他一把，沒有命令，沒有壓抑。

讓孩子學會思考

家長在與孩子相處、交談中，要經常以商量的口氣進行討論式的協商，留給他自己思考的餘地，並且要給他提出自己想法的機會。同時，家長可以根據交談的內容經常發問，例如「這兩者有什麼關係」、「你覺得怎麼做會更好」、「你的想法有什麼根據」等問題，以引起孩子的思考。

注意孩子思考能力的培養

在思考能力方面，家長要特別注意培養孩子的擴散性思考和逆向思考。

1. **擴散性思考**：不同於集中思考，而是對問題從不同角度進行探索，從不同層面進行分析，從正反兩極進行比較，因而視野開闊、思考活躍，可以產生出大量獨特的新思想。訓練擴散性思考，可以從思考的流暢性、變通性、新穎性等方面著手。

   ★**流暢性**：例如，讓孩子在短時間內列舉出以一根「迴紋針」為材料可以做哪些事情？每個人列舉出的個數的不同，這就是一個人流暢性的區別。

   ★**變通性**：變通性是較多層次的發散特徵，即培養孩子從不同的角度靈活

考慮問題的良好習慣。例如，讓孩子寫出包含「木」字的漢字，若其中既有上下結構、左右結構，又有獨體字、包含結構、半包含結構等，說明他的變通性較好。

★ **新穎性**：擴散性思考的最高層次，也是求異的本質所在。新穎性是指一個人提出觀點和產生想法的創新性。

2. **逆向思考**：創新突變的根本方式，從反方向入手，棘手的問題往往會變得非常簡單。要創新，就必須要有打破常規的決心，這樣才能出奇制勝。

例如，國中生小王的家境不太好，但他喜歡看些新出的課外書，為了能用有限的錢，看更多的課外讀物，他在班上提出人人買一本新書的建議，大家都相當認同。於是，他又從節省的角度提議互換手中的課外讀物，最後，他只花了一本書的錢，就看到了幾十本新出版的好書。

給孩子解決問題的機會

不管家裡遇到什麼問題，家長都不能把這些問題當作是大人應該解決的事情。這時候，家長可以詢問孩子的意見，讓他想辦法解決這些問題。當孩子意識到自己可以跟大人平起平坐時，他就會思考需要什麼、怎麼做，才能解決問題，並且達到最好的效果，日積月累，孩子的頭腦就會越用越聰明，思路也會越變越開闊，只有這樣，他們才會有意想不到的表現。

教學加油站

培養孩子的創造性思考，使孩子有出奇制勝的能力，家長應遵循幾個原則：

1. 做功課遇到疑難問題時，不要讓孩子依靠父母來解決。最好是做一些提示、反問，鼓勵他獨立思考，放棄依賴心理。
2. 培養孩子謙虛的品格。不懂就問，並且還要不恥下問，只有這樣才能更好地學習。
3. 要啟發孩子自己解決問題。當孩子發現書上有不懂的問題，問該

怎麼學習時，父母要耐心回答，還要稱讚他能虛心好問；有些孩子學習上怕苦、怕累等，遇到難題就問爸爸媽媽或爺爺奶奶該怎麼做，這時不能直接告訴他答案，要鼓勵他自己動腦筋去想，要啟發他自己去解答問題。

4. 多啟發孩子，要想與眾不同，就應該有出奇制勝的點子；要想出奇制勝，就應該多角度、多管道地思考問題，從而讓自己的思路變得越來越開闊。

第十四章　辦法總比問題多

在遇到問題的時候，您的孩子是否總是手足無措，不知道該如何是好？在遇到麻煩的時候，您的孩子是否總是畏縮不前，小心翼翼地躲在您的身後？在把事情搞砸了的時候，您的孩子是否總是悲觀失望，以為天塌下來了，沒有任何補救的辦法？

如果您的孩子總是這樣，請告訴他：「別怕，讓我們一起來想辦法。」因為沒有解不開的問題，只有迸發不出的智慧，再多的問題，也敵不過聰明的「腦袋」！

不要被「問題」嚇倒

在一個孩子成長的過程中，總會遇到這樣或那樣的問題。當問題襲來時，當失誤造成時，很多孩子往往手足無措，不知道該如何是好，他們在沒看清問題的本質的時候，就已經被嚇倒了！孩子之所以這樣，是什麼原因造成的呢？

專家認為，孩子之所以缺乏解決問題的能力，與家長的教育、自身的認知有關。歸結起來有以下幾點：

1. **家長過於溺愛與幫助**：很多家長沒有意識到應該要從小培養孩子解決問題的能力，他們通常會認為：我的孩子年紀還小，不具備什麼解決問題的能力，有事情，我做就可以了。正因為家長過度幫助，造成孩子解決問題的能力缺失，一遇到問題，最先想到的就是爸爸媽媽，如果缺少幫助，他們能做的就只有哭了。

2. **缺乏解決問題的自信**：有些孩子認為自己比較笨，因此，遇到的問題，能推則推，能擋則擋，從來沒有想過去試一試。

3. **將問題無限誇大**：一些本身不大的失誤或問題，孩子會因為缺少經驗，無限誇大這些問題的困難程度，所以心裡會產生畏難的情緒。

事實上，任何問題都有解決的時候，最重要的是孩子是否願意盡力去尋找解決辦法。身為家長，應該經常教導孩子「禍患常積於忽微，而智勇多困於所溺」。即在身處困境的時候，應該做到處變不驚、臨危不亂，只有這樣才能迸發出智慧的火花，從而幫助自己脫離困境。

當然，讓孩子解決問題時，家長還應該鼓勵孩子，即使錯了，或者沒有做好，也沒有關係。這是由於從錯誤與經驗中學到的，和從成功中學到的一樣多，因此鼓勵孩子不必過分介意自己的錯誤，只要下次用不同的方法去嘗試就可以了。

孩子有解決問題的能力，不等於他們能正確地解決問題，並且都能有新意，如果家長過於看重結果，無疑會傷害到孩子的自尊心，這對其成長是不

利的。因此，讓孩子學會解決問題，家長還應該有一顆寬容與理解的心。

小提醒

> 解決問題能力弱的孩子，遇到問題時的表現：
>
> 1. 一遇到問題就向他人求教，自己懶得動腦思考，更不懂得該從什麼地方入手。
> 2. 逃避責任，總是把問題推給家長。
> 3. 沒有辦法解決問題的時候，就不知所措地哭，用哭來發洩自己的情緒。
> 4. 他們常說：「如果……誰可以幫助我」、「如果……我可以去哪裡尋求幫助呢」、「如果……我該怎麼辦」等。
>
> 如果您的孩子有以上這些特徵，那麼一定要重視。一棵依賴性太強的小樹是不可能長成蒼天大樹的，一個依賴性太強的孩子是更不可能有出息的。

講個「響尾蛇村」的故事

遇到問題的時候，很多孩子首先看到的通常是自己的「劣勢」，因為忽視了「劣勢」存在的潛力，所以不但不能很好地解決問題，還因此束縛了自己的發展。如果您的孩子也是這麼一個在困難前望而止步的人，不妨讓他聽聽下面這則故事。

美國佛羅里達州的一位農夫買下一片農場。買下以後，他覺得非常頹喪，因為那片農場地質太差，使農夫既不能種水果，也不能養豬，只有白楊樹與響尾蛇適合在這裡生存。

經過一番懊悔之後，他痛定思痛，決心改變這種不利的情況。思來想去，農夫終於想到了一個好主意，他要把自己所擁有的這塊毫無生機的土地變為一種資產 —— 利用響尾蛇發家致富。

農夫的做法使每一個人都很吃驚，很多人都勸他不要冒這個險，可農夫

依然堅持。

出人意料的是，農夫開始利用他的響尾蛇做響尾蛇肉罐頭，而且每年來參觀他的響尾蛇農場的遊客差不多有兩萬人。

慢慢地，他的生意做得越來越大。由他養的響尾蛇中所取出來的蛇毒，運送到各大藥廠去做蛇毒的血清；蛇皮以很高的價錢賣出去做鞋子和皮包；裝著響尾蛇肉的罐頭被送到世界各地的顧客手裡。

為了紀念這位先生把「有毒的檸檬」做成了「甜美的檸檬水」，農場所在的村子現在已改名為響尾蛇村。

孩子，沒有誰做一件事情，天生就具備完全理想的條件和資源，你唯一能夠抓住的只有自己眼前所擁有的一切。因此，如果你善於把眼前的不利因素巧妙地轉化為有利因素，甚至把缺陷也做成「特點」，那麼你離成功就不遠了。

備選故事任您挑

這個世界沒有辦不到的事情，只有想不到的事情。一個思路不夠開闊的人，往往不會有創新，因此，家長可以從不同的角度激發孩子的思路，其中，講故事也是令孩子思考開闊的一種方法，如果能將故事與道理結合起來，就能達到很好的教育效果。願以下的故事能陪伴著您教育孩子的整個過程。

「美麗」菸，香

在日常生活中，有很多孩子，只要遇到一點點問題，就手足無措，不知道該如何處理，因為自己先亂了方寸，所以這些孩子不但處理不好面臨的問題，還有可能造成更大的損失。

如果您家中也是這麼一個缺乏「獨當」能力，不善於處理事情的孩子，那麼不妨找個機會跟他講講下面這則故事。

1930 年代，中國各大城市香菸市場的競爭異常激烈，英、美等國廠商出口的「三炮臺」、「海盜牌」等香菸鋪天蓋地、充斥市場，中國生產的香菸幾乎無人問津。

為了挽救危局，生產「美麗牌」香菸的上海華成菸草公司老闆想出了一條妙計 —— 在每盒香菸內，暗藏一張人們熟知的《水滸傳》中 108 條好漢的小畫像，同時，承諾凡累積全套「梁山好漢」小畫像者，即可到華成公司各代理商店換取黃金二兩。

廣告一出，各地市民抱著好奇與僥倖心理，爭相購買「美麗牌」香菸，試著碰一碰有沒有二兩黃金的好運氣。一時之間，「美麗牌」香菸的銷量直線上升。

有的人集夠了 36 個「天罡星」，卻怎麼也集不滿 72 個「地煞星」；還有的人集到了 107 條好漢的小畫像，但偏偏缺一張，而且所缺的都是「百勝將韓滔」這一張。於是，不少的人整條整條地購買「美麗牌」香菸，但只有極少數人找到了韓滔的畫像，「吸菸找韓滔」成了一句口頭禪，流傳很廣。

華成公司的高額懸賞當然只是暫時的促銷手段，但「美麗牌」香菸就靠這個辦法，在激烈的市場競爭中站穩了腳跟。況且，「美麗牌」香菸並不比洋菸差，價格又便宜，人們當然樂意購買了。

為了進一步開拓市場，生產「美麗牌」香菸的上海華成菸草公司老闆又不惜成本，大打廣告。

一天晚上，在鬧市的夜空，出現了一幅巨型霓虹燈廣告，它只有 4 個大字「美麗菸香」。當時，在上海用霓虹燈打廣告還是件新鮮事。

誰也不會想到，廣告部門的人竟然如此粗心，把「香菸」錯排成了「菸香」。這個錯誤很快傳到菸草公司老闆的耳朵裡，老闆大為惱火，本想透過打廣告大造聲勢，不料竟弄巧成拙。

老闆立即將廣告部門的人叫來訓斥了一頓，接著像救火一樣地率人直奔現場。

當他們趕到現場時，眼前竟出現了令人完全意外的場面。只見霓虹燈廣

告下面，聚集著越來越多的圍觀群眾，人們議論紛紛。

「這麼大的招牌竟然做錯了！真是可惜！」

「其實沒錯，『美麗菸，香！』說明了美麗牌香菸，菸香誘人！」

「對，沒錯！美麗菸，香！中國的菸就是比外國的菸香！」

老闆一聽，喜出望外，想不到做錯的廣告比原本的廣告還要吸引人，還要有效果。他連忙阻止廣告部門的人，不要去改正廣告，就讓它將錯就錯地掛在那裡。

這個錯誤的廣告，一傳十，十傳百。於是，美麗牌香菸也跟著更加廣為流傳，更加暢銷於市。

有問題就有出路，有困難就有辦法，出路和辦法總比問題和困難多。因此，在問題來臨時，千萬不要驚慌失措，自己先亂了手腳，而應該先冷靜地想一想：難道問題就沒有辦法解決了嗎？有沒有辦法把問題轉化為機會呢？

只要勤於動腦，就不會有解決不了的問題。

大衛的缺憾

別人的失敗裡，往往蘊含著成功的機遇；做一個生活的有心人，才能把別人的失敗轉化為自己成功的經驗。如果您想告訴孩子這個道理，那麼就可以借鑑下面這則故事。

西元 1500 年，義大利佛羅倫斯開採到一塊質地精美的大型大理石，它的自然外觀很適合雕刻一個人像。但是，這塊大理石在那裡放了很久，都沒有人敢動手，有天，一位雕刻家只在後面打了一鑿，就感到自己無力駕馭這塊寶貴的材料而停手了。

後來，大雕刻家米開朗基羅用這塊大理石雕出了曠古無雙的傑作 —— 大衛像。沒想到先前那位雕刻家的一鑿打重了，傷及了人像的身體，竟在大衛的背上留下了一點傷痕。

有人問米開朗基羅說：「那位雕刻家是否太冒失了？」

「不。」米開朗基羅回答說：「那位先生相當慎重，如果他冒失輕率的話，

這塊材料早已不存在了，我的大衛像也就無從產生。這點傷痕對我未嘗沒有好處，因為它無時無刻不在提醒我，每下一刀、一鑿都不能有絲毫的疏忽。」

很多人總是對別人的失敗嗤之以鼻，卻不知從中吸取教訓。然而，許多人的成功都是建立在別人的失敗之上的。

借鑑別人失敗的經驗，才能使自己少走彎路，從而順利地達到成功的目標。

蘋果被冰雹砸傷了

創意能讓一個人與眾不同。一個缺乏創新精神，只會效仿他人的孩子，距離成功是非常遙遠的。如果您希望自己的孩子了解到「創新」的獨特魅力，可以透過下面這則故事啟發他。

有個專門種蘋果的農夫，他種的蘋果色澤鮮豔，美味可口，供不應求。

這一年，一場突如其來的冰雹把大多數的蘋果都砸傷了，即將成熟的蘋果上留下一道道疤痕，這對農夫來說無疑是一場毀滅性的打擊，這樣的蘋果銷售商怎麼會接受呢！蘋果無法銷售出去，同時還得賠款。

樂觀的農夫卻想到了一個絕妙的辦法，他在蘋果的包裝上寫出了這樣的廣告詞：「親愛的顧客，您注意到了嗎？在我們臉上有一道道的疤痕，這是上帝饋贈給我們高原蘋果的吻痕 —— 高原上常有冰雹，因此高原蘋果才有美麗的吻痕。如果您喜愛高原蘋果的美味，請記住我們的正宗商標 —— 疤痕！」

農夫這則絕妙的廣告產生了神奇的效果，他的蘋果不僅沒有滯銷，而且比往年的銷量更好。

天無絕人之路，出人意料的意外事件往往使你陷入困境，讓你措手不及，甚至絕望，但其實世上沒有絕對的事情，只要你善於思考、勇於創造，就有可能另闢蹊徑，把不利條件轉化為有利條件，從而獲得成功。

把垃圾變成財富

1974 年，美國政府對自由女神像進行了翻新，工程結束後，現場留下了一大堆垃圾廢料。為了節省開支，美國政府決定向社會招標清理這堆垃圾廢料。

但是，在紐約，政府對垃圾處理有十分苛刻的規定，弄不好還會受到當地眾多環保團體的起訴，所以這堆垃圾成了燙手的山芋，誰都不願意接。

誰都沒有想到，一位當時正在美國旅行的猶太商人聽到這一消息後，立即飛往紐約，面對堆積如山的垃圾廢料，他沒有提出任何附加條件，便按照美國政府所提出的最低價格當場簽了合約。不少人都在偷偷議論，認為這位猶太商人肯定是瘋了。

這位猶太商人真的瘋了嗎？當然不是！當別人對這堆垃圾束手無策時，他卻從中看到了賺錢的機會。他先請工人將這些垃圾加以分類，廢銅、廢木料、廢鉛、廢鋁一一整理清楚，然後把翻新自由女神像剩下的廢銅融化，做成了一個個精美的小自由女神銅像，把廢木料加工做成小自由女神銅像的木座，廢鉛、廢鋁則改鑄成自由女神廣場的鑰匙紀念品，最後，他把這些精美的藝術品高價出售。這位猶太商人甚至將廢土都變成了錢 —— 他將廢土裝在以自由女神命名的小袋子裡出售給花店了。

這位猶太商人不僅清理了垃圾，還做到了資源的有效利用，不到三個月的時間，他就從這堆垃圾中賺了 350 萬美元，這是誰都沒想到的。

由於猶太商人有著從垃圾中看到財富的獨特眼光，因此人人避之不及的垃圾在他手中變廢為寶，從而發了一筆財。由此可見，要有所創新，就不能讓事物的現狀蒙蔽了雙眼，要從別人看不到的地方發現創新的契機。

頭痛藥變可口可樂

1880 年代的一個春天，美國亞特蘭大一家不起眼的小藥店門前冷落、生意蕭條，店員因為沒事做，無聊得快要睡著了。正在這時，一個中年男人抱著頭，風風火火地跑進店裡，搖醒這位店員，嚷著要買治頭痛的糖漿。

睡意朦朧的店員轉身取藥，可是卻發現配好的頭痛糖漿已經賣光了，只好自己重新來配。但他沒有注意到，自己不小心把放在桌子上的碳酸水當作普通水倒進了糖漿。

那位病人拿著糖漿就走了。

奇怪的是，第二天，那位病人又來了，說他飲用了昨天買的糖漿後，不僅頭痛慢慢減輕了，而且他覺得這次糖漿的味道非常好，希望多買點回去。

那位店員覺得很奇怪，他仔細一檢查，才發現自己配錯了藥，竟然誤把碳酸水當作普通的水倒進了糖漿，這可怎麼辦？一著急，他趕緊把這件事告訴了老闆。

老闆聽了店員的解釋後，心想：「難道糖漿加上碳酸水真的很好喝嗎？」於是，他把碳酸水調進糖漿後自己品嘗，感覺味道真的不錯。先後試配了好幾次，他終於調配出了味道最佳的糖漿。

老闆覺得這種飲品一定會受歡迎，就為它取了一個響亮又好記的名字 —— 可口可樂，並作為飲料出售。

後來，美國商人阿薩‧坎德勒買下了可口可樂的全部股權，經過市場宣傳和廣告推廣，可口可樂成了風靡全世界的一種流行飲料。

孩子，有些時候，生活中的誤打誤撞並不完全是一件壞事，只要冷靜沉著、認真思考，就有可能從其中發現一些很有新意的東西，並取得讓人耳目一新的效果。

黑石子，白石子

倫敦有位商人，欠了一位放高利貸的債主一筆巨款。那個又老又醜的債主，看到商人青春美麗的女兒，便要求商人用女兒來抵債。

商人和女兒聽到這個提議都十分恐慌。狡猾的高利貸債主故作仁慈，建議這件事聽從上天安排，他說，他將在錢袋裡放入一顆黑石子、一顆白石子，然後讓商人的女兒伸手摸出其中一顆，如果她摸到的是黑石子，她就要成為他的妻子，商人的債務也就不用還了；如果她摸到的是白石子，她不但

可以回到父親身邊，債務也一筆勾銷。但是，如果她拒絕探手一試，那麼她的父親就要入獄。

雖然不情願，但商人的女兒還是答應試一試。當時，他們正走在花園中鋪滿石子的小徑上，商議之後，高利貸債主彎腰拾起兩顆小石子，放入袋中。敏感的少女突然察覺：兩顆小石子竟然全是黑的！

女孩沒有言語，她冷靜地伸手探入袋中，漫不經心似的，眼睛看著別處，摸出一顆石子。突然，手一鬆，石子便順勢滾落到路上的石子堆裡，分辨不出是哪一顆了！

「噢！看我笨手笨腳的。」女孩驚呼道：「不過沒關係，現在只需看看袋裡剩下的這顆石子是什麼顏色，就可以知道我剛才選的那一顆是黑是白了。」

當然，袋子裡剩下的石子一定是黑的。狡猾債主由於不能承認自己的詭計，便只好承認她選中的是白石子。

就這樣，一場債務風波，有驚無險地落幕了。

放棄常規思考模式的束縛，換一個角度來看，就有可能將最險惡的危機變成最有利的情況。只要善於思考，困境也可以是順境，因此當你陷入困境時，千萬不要驚慌，而是要轉變思考。

給家長的悄悄話

孩子在慢慢長大的過程中，會逐漸接觸到各種類型的人，見識到更為複雜的事情，遇到不同的問題和麻煩。在這個過程中，他會累積經驗、得到鍛鍊，處理問題的能力也會不斷地增強，有時大人只要稍加指點，他便能把問題處理的更完善。

崔顥今年念國小 4 年級了。有一天，他一回到家就關上房門打電話給他的同學，晚飯也只吃幾口就放下了，他媽媽問他怎麼了，他還故作成熟地感嘆了一句：「今天真鬱悶！」

原來，有個調皮的同學把崔顥的筆藏起來了。上課時，崔顥用手勢示意那位同學把筆還回來，老師看見了，誤以為他在搗亂而責罵了他，讓他覺得很委屈。

媽媽就跟兒子一起討論說：「這個問題有兩種處理方式，一種是忘掉它，因為這樣的誤解在生活中有很多，你可以不去理會它；另一種是說出來，設法讓老師知道你受了委屈。該怎麼處理你自己決定。」

崔顥在認真考慮過後，寄給老師一封 E-mail，在 E-mail 中訴說了他的委屈，後來，老師很快回了他一封道歉信。

崔顥用間接、現代的方式與老師溝通，超出了大人的想像，這讓崔顥的爸爸媽媽很意外，也很高興！

故事中的崔顥，在媽媽的指點下，很快地解決了自己遇到的問題。

實際上，即使是很小的孩子，也會運用一些策略和辦法來解決問題，家長最好別在孩子不需要的時候擅自幫助他或替他作決定，因為一旦失去鍛鍊的機會，孩子獨立解決問題的能力就會退化，遇到問題就會束手無策。因此，家長應給孩子足夠的機會、適當的鼓勵以及具體的指導，培養他解決問題的能力，教好在他成長過程中不可或缺的一課。

在孩子遇到問題的時候，家長應該按以下幾個原則來做：

不要讓孩子逃避問題

很多父母在孩子遇到困難時，出於溺愛，怕孩子因此而煩惱，都習慣性地替孩子想逃避問題的方法，其實這種做法是很不正確的，因為這會讓孩子在遇到困難時，總是選擇逃避。此時，家長應該做的，是讓孩子自信地正視問題、克服困難，家長可以這樣引導孩子：「你能看到前面是什麼嗎？」即不管孩子遇到什麼問題，都要讓他學會去看前方，並且一直看著前方，因為只有這樣孩子才會有信心、有希望。

適當地提供解決的方法給孩子並鼓勵他自己去克服

當孩子對一件事失去信心時，應該可以用啟發的方式，讓他想方法。此時，可以這樣說「我覺得，你可以這樣……」或「不然，你試試我的方法……」讓孩子自己來做決定。

注意孩子的進展，時刻關注

走出困境畢竟不是一下子的事情。在困境中的孩子，本來就很脆弱，當他走出困境後，如果再遇到困難，就很有可能選擇退縮，因此，應該時刻關注孩子，不能讓他在半途退縮。

樂觀教育，樹立孩子的信心

當孩子遇到困難時，由於他們看不到問題最後的勝算，因此家長可以適當地將一些樂觀的想法教給他們，讓他們知道，不可能一直都是黑夜，始終會迎來黎明的。

讓孩子學會解決問題

家長要花時間教育孩子解決問題的技能，學會解決問題的技能，就像學其他技能一樣，需要不斷地練習，直到成為他們的習慣。教孩子學會解決問題，應該做到以下幾點：

1. 要教孩子解決問題的語言。孩子 4 歲以後，可以教他一些解決問題的基礎詞：是 / 不是，和 / 或，有些 / 全部，之前 / 之後，現在 / 以後，同樣 / 不同。例如，有位母親和女兒商量事情，就很巧妙地運用了解決問題的基礎語言。

   媽媽：「妳準備吃晚飯之前還是之後彈琴？」

   女兒：「吃晚飯之前。」

   媽媽：「哦，那好。但是吃水果妳想選擇在吃飯之前還是之後呢？」

   女兒：「當然是吃飯之後了，老師說過最好吃過飯半小時後再吃水果。」

這裡「之前」、「之後」的運用為孩子處理實際問題提供了兩種可能，讓孩子自己去思考、選擇、決定。這樣的基礎詞彙運用多了，就能逐步提高孩子處理和解決問題的技能。

2. 訓練孩子思考解決問題的方法。香港一間國小考試時，出了一道特別的考題 —— 從三樓扔下一顆雞蛋，怎麼做才能讓它不摔破？這道題不是腦筋急轉彎，也沒有標準答案，老師出這道題的目的，就是為了激發孩子去思考解決問題的方法。這被稱作「腦力激盪遊戲」，家長也可借鑑，經常對孩子提出一些問題，激發孩子去思考多種解決問題的方法。

   這裡當然不是要家長去效仿香港那間國小的考題，而是提一些在生活中經常會遇到的問題。例如，嘟嘟喜歡跳舞，但因為胖，沒被舞團選上，該怎麼辦？洋洋被大孩子欺負，害怕去幼稚園怎麼辦？鼓勵孩子把他所能想到的辦法都講出來，無論他的想法多麼愚蠢、荒誕，都不要取笑他。然後，跟孩子一起討論這些辦法，也可以讓孩子跟他的朋友一起討論，選出大家認為最好的。這種訓練重複多了，孩子面對問題時就能想出盡可能多的解決辦法，更靈活、更有創造性地解決問題。

3. 創設情境，鍛鍊孩子解決問題的能力。提高孩子解決問題的能力，光紙上談兵不行，重要的是讓孩子多些實踐和體驗，美國心理學家的研究成果表明，孩子是否能成功解決問題，更多地取決於他們的經歷而非聰明程度。家長可以有意識地為孩子創造自己解決問題的機會和條件，包括設置困境，讓他們多些鍛鍊、多些經歷，例如，讓孩子獨自到超商買東西，看他如何表現；刻意晚一點到幼稚園接孩子，看他怎麼辦。

   有個朋友的做法我覺得很不錯，他把家裡許多打電話的「業務」都交給 5 歲多的兒子，例如，打電話給瓦斯店，聯繫他們換瓦斯桶；打電話給快遞公司，說要寄包裹；打電話給清潔公司，找人清理下水道⋯⋯別小看打幾個電話這件事，孩子能從中得到不少鍛鍊，他學會了與人溝通，增長了應對生活中複雜情況的能力。

讓孩子突破傳統思考，學會用創新的辦法解決問題

在一般情況下，人們在思考問題時，思考的注意力會自然而然地盯住明顯的，或者對自己有利的思路，而對那些不太明顯的或對自己不利的思路視而不見。人同此心，心同此理，這原本無可厚非，但是，在一些特殊的情況下，這種思考方式對解決問題本身不利！因此，想達到目的，就應該突破傳統的思考模式，做到思考的創新！

培養孩子解決問題的能力，家長不該有這些行為：

★ **替孩子解決所有問題**：家長擔心孩子年紀小，處理不好事情，因此，孩子只要一遇到問題，家長就馬上出面解決，這會造成孩子依賴與不自信的心理！

★ **要求孩子，一定要按照自己說的方法處理問題**：家長沒有給孩子獨立處理問題的權利，要求他按照大人說的方法做，難免會讓孩子因為模仿而形成慣性思維，導致孩子遇到一些稍微棘手的問題時，往往沒有辦法來解決。

★ **對孩子不放心，總是監督孩子**：一個不相信自己孩子的家長，必然不可能培養出一個自信、富有創造力的孩子，給孩子一點自由的空間，讓他們享受自己的創意，他們會變得更聰明、更善於解決問題。

教學加油站

家長應怎樣培養孩子智慧的頭腦？

1. 提供自由寬鬆的環境，激發孩子的創造欲望。
2. 豐富感性經驗，捕捉和激發孩子的創造行為。
3. 教孩子基本的建構技能，啟發孩子進行創造。
4. 多講故事給孩子聽，用故事啟發他們的思考，從而讓他們在模仿過程中學會創新。
5. 多給孩子讚許與鼓勵，富有創造力的孩子，都是在大人讚許的目光中成長起來的。

孩子不肯聽話，你該「話中有話」：

創意啟發 × 逆向思考 × 機會教育，你怎麼說孩子就怎麼成長，讓「說教」對孩子有正面影響！

編　　著：李雅婷，陳雪梅
發 行 人：黃振庭
出 版 者：崧燁文化事業有限公司
發 行 者：崧燁文化事業有限公司
E-mail：sonbookservice@gmail.com
粉 絲 頁：https://www.facebook.com/
　　　　　sonbookss/
網　　址：https://sonbook.net/
地　　址：台北市中正區重慶南路一段六十一號八
　　　　　樓 815 室
Rm. 815, 8F., No.61, Sec. 1, Chongqing S. Rd.,
Zhongzheng Dist., Taipei City 100, Taiwan
電　　話：(02)2370-3310
傳　　真：(02)2388-1990
印　　刷：京峯彩色印刷有限公司（京峰數位）
律師顧問：廣華律師事務所 張珮琦律師

定　　價：320 元
發行日期：2022 年 11 月第一版
◎本書以 POD 印製

國家圖書館出版品預行編目資料

孩子不肯聽話，你該「話中有話」：
創意啟發 × 逆向思考 × 機會教
育，你怎麼說孩子就怎麼成長，讓
「說教」對孩子有正面影響！ / 李
雅婷，陳雪梅 編著 . -- 第一版 . --
臺北市：崧燁文化事業有限公司，
2022.11
　面；　公分
POD 版
ISBN 978-626-332-871-6(平裝)
1.CST: 親職教育 2.CST: 子女教育
528.2　　111017212

電子書購買

臉書